UNSERE WELT, WIE DU SIE NOCH NIE GESEHEN HAST

IN 40 UNGEWÖHNLICHEN KARTEN

Bibliografische Information der Deutschen Nationalbibliothek
Die Deutsche Nationalbibliothek verzeichnet diese Publikation in der Deutschen Nationalbibliografie. Detaillierte bibliografische Daten sind im Internet über https://dnb.de abrufbar.

Für Fragen und Anregungen
info@rivaverlag.de

Wichtiger Hinweis
Ausschließlich zum Zweck der besseren Lesbarkeit wurde auf eine genderspezifische Schreibweise sowie eine Mehrfachbezeichnung verzichtet. Alle personenbezogenen Bezeichnungen sind somit geschlechtsneutral zu verstehen.

1. Auflage 2023

Türkenstraße 89
80799 München
Tel.: 089 651285-0
Fax: 089 652096

Übersetzung: Martina Fischer
Umschlaggestaltung und Layout: Manuela Amode nach dem Original von Sam James
Satz: Andreas Linnemann
Druck: Livonia Print, Riga
Printed in Latvia

ISBN Print 978-3-7423-2407-8

Wir produzieren nachhaltig
www.m-vg.de

Weitere Informationen zum Verlag finden Sie unter
www.rivaverlag.de
Beachten Sie auch unsere weiteren Verlage unter www.m-vg.de

UNSERE WELT, WIE DU SIE NOCH NIE GESEHEN HAST

IN 40 UNGEWÖHNLICHEN KARTEN

Simon Küstenmacher
Margarida Esteves

Inhalt

Einleitung

Das Ziel dieses Buches ist es, dir zu zeigen, wie viel Spaß Landkarten machen können, während du ganz nebenbei auch noch ein paar tolle Dinge über unsere wunderbare Welt erfährst. Durch Landkarten werden Informationen sehr anschaulich, denn man kann sie gut erkunden. Allerdings möchte ich dir weder eine bestimmte Sichtweise aufzwingen noch dich politisch beeinflussen. Ich wünsche mir nur, dass die wunderschön illustrierten Karten, die Margarida geschaffen hat, dir viel Freude bereiten.
Jede dieser Karten ist letztlich keine komplett fehlerfreie Darstellung unserer Wirklichkeit. Bereits der polnisch-amerikanische Wissenschaftler und Philosoph Alfred Korzybski sagte, dass wir nie die Karte mit dem eigentlichen Gebiet, das sie darstellt, verwechseln dürfen. Landkarten zeigen immer nur einen kleinen Teil der unendlich komplexen Welt, in der wir leben.

Viel Spaß beim Lesen!

Die Welt ist eine Katze, die mit Australien spielt

Bestimmt hast du schon oft eine Weltkarte betrachtet und dabei nicht bemerkt, dass sie aussieht wie eine Katze, die mit Australien spielt. Du musst die Augen vielleicht etwas zusammenkneifen, damit du sie siehst, aber sie ist wirklich da. Ihr Kopf reicht von Russland über die Mongolei bis nach China und Japan. Das rechte Hinterbein ist Südamerika und das linke Hinterbein Afrika.

Das Vorderbein erstreckt sich von Malaysia und Indonesien bis nach Papua-Neuguinea und spielt mit dem Garnknäuel Australien. Die Stadt Anchorage in Alaska ist der Katzen… Naja, lassen wir das! Jetzt, da du gesehen hast, wie die Welt wirklich aussieht, kannst du es nicht mehr übersehen!

Es ist gar nicht ungewöhnlich, dass man in irgendetwas ein Gesicht erkennt, einen Gegenstand oder sogar eine Katze, die mit einem Garnknäuel spielt. Wenn man in einer Felsformation ein Gesicht sieht, spricht die Wissenschaft von einem Felsengesicht. Die Neigung, in einem beliebigen Muster einen Gegenstand zu sehen, nennt man *Pareidolie*. Es ist vielleicht nicht so einfach, sich diesen Begriff zu merken, aber wenn du es schaffst, kannst du mit ihm prima deine Freunde beeindrucken – oder auch nerven.

Pangäa – Als die Welt eine war

Diese Karte nimmt uns mit in die ferne Vergangenheit unseres Planeten. Vor etwa 300 bis 150 Millionen Jahren waren die verschiedenen Kontinentalplatten der Erde zusammengeschoben und bildeten eine einzige gigantische Landmasse – den Superkontinent Pangäa. Auf diesem Kontinent entwickelten sich die ersten Dinosaurier.

Die Karte zeigt die Grenzen unserer heutigen Kontinente, übertragen auf Pangäa. Sie ist sehr ungenau, denn damals befand sich ein großer Teil der Landmasse, auf der wir uns heute bewegen, noch unterhalb der Erdkruste. Auf der Karte ist aber auf eindrucksvolle Weise zu sehen, wie gut die Kontinente zusammenpassen – nämlich wie Puzzleteile.

Außerdem kann man sich angesichts der Karte fragen, wie diese Länder mit ihren neuen Nachbarn auskämen. Manche wären komplett von Land umschlossen, andere erhielten – wie die Schweiz – plötzlich Zugang zum Meer.

Südamerika und Afrika passen sehr schön zusammen. Bis heute sind sich die geografischen Gegebenheiten der Ostküste von Nord- und Südamerika und der Westküste von Afrika sehr ähnlich. Das hat Wissenschaftler überhaupt erst auf die Idee gebracht, dass die Kontinente sich im Laufe der Jahrmillionen umherbewegt haben könnten.

EURASIEN
NORD-
AMERIKA
AFRIKA
SÜD-
AMERIKA
INDIEN
AUSTRALIEN
ANTARKTIS

Point Nemo: Kein Land in Sicht

Im südpazifischen Ozean befindet sich ein sehr interessanter Punkt. Er ist nicht mit einem Zeichen markiert. Du würdest ihn nicht sehen, wenn du dort wärst. Du würdest Point Nemo aber natürlich auch gar nicht erst aufsuchen ... Denn das ist der Ort im Ozean, der am weitesten von Land entfernt ist.

Du müsstest 2705 Kilometer weit fahren, um das nächste Festland zu erreichen. Point Nemo ist so weit von der nächsten menschlichen Siedlung und von viel genutzten Schifffahrtsrouten entfernt, dass die Astronauten der Internationalen Raumstation oft jene sind, die sich am nähesten zu Point Nemo befinden – und zwar immer dann, wenn sie über ihn hinwegfliegen.

Point Nemo oder der »Pazifische Pol der Unzugänglichkeit«, wie er auch heißt, ist für Weltraumagenturen tatsächlich interessant. Wenn Satelliten, Raumstationen und andere Raumschiffe nicht mehr funktionieren und zur Erde zurückgeschickt werden müssen, versuchen die Ingenieure, sie möglichst nahe zum Point Nemo zu steuern, wo sie niemanden beim Aufschlag treffen können. Daher ist Point Nemo als »Raumschifffriedhof« bekannt.

Fans von Jules Vernes *Zwanzigtausend Meilen unter dem Meer* werden sich an den geheimnisvollen Kapitän Nemo erinnern, der in seinem U-Boot Nautilus die Tiefen der Meere durchstreift. Dieser Punkt ist nach ihm benannt. Außerdem ist *Nemo* das lateinische Wort für »niemand«.

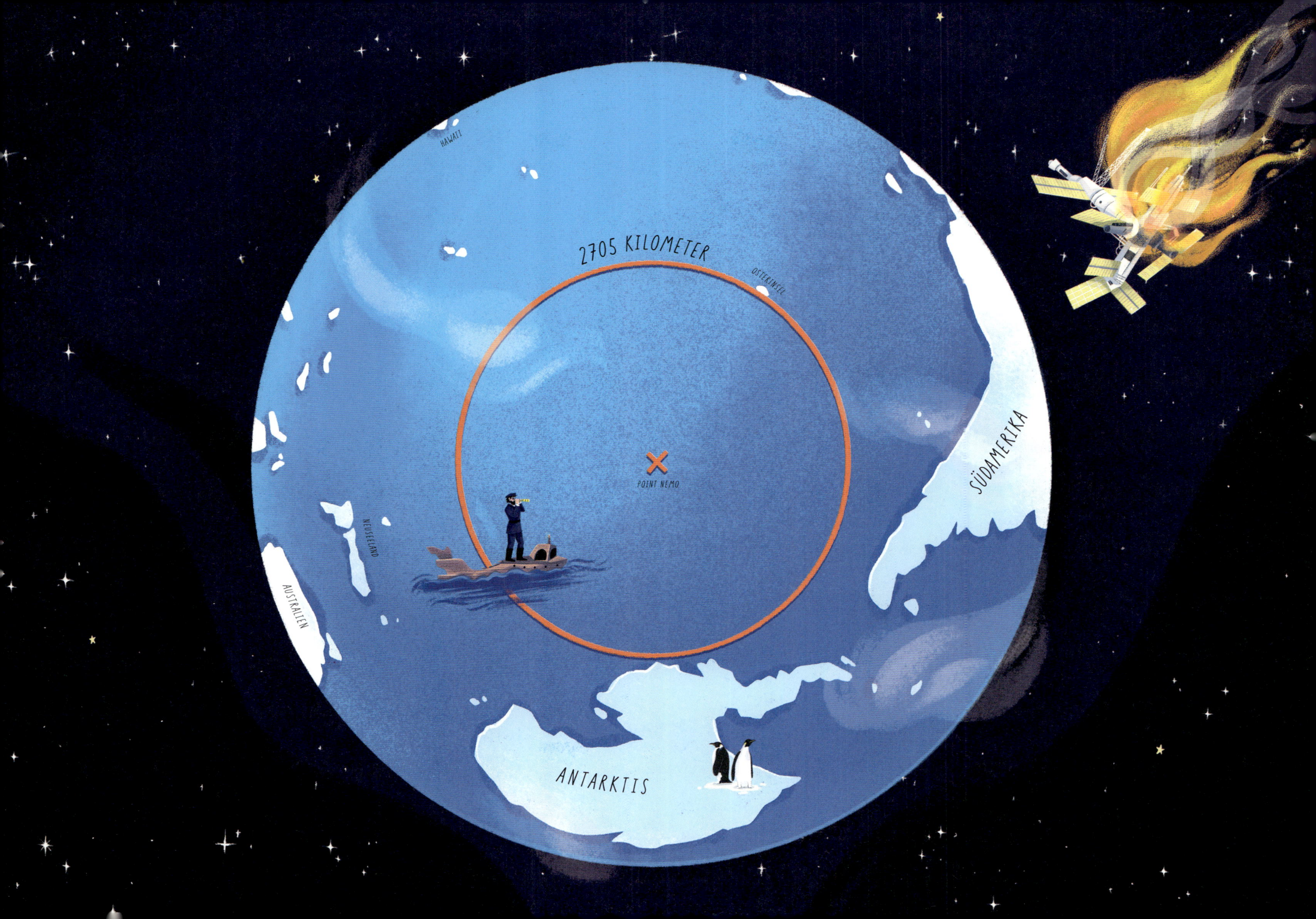

HAWAII
2705 KILOMETER
OSTERINSEL
POINT NEMO
NEUSEELAND
AUSTRALIEN
SÜDAMERIKA
ANTARKTIS

Der am weitesten vom Ozean entfernte Punkt

Auf den vorhergehenden Seiten haben wir uns Point Nemo angesehen, den am weitesten von Land entfernten Punkt der Erde. Nun können wir versuchen, das Gegenteil von Point Nemo zu finden: Welcher Punkt auf der Erde ist am weitesten von irgendeinem Ozean entfernt?

Dafür müssen wir zuerst entscheiden, ob wir das Kaspische Meer (auf der Landkarte an Kasachstan angrenzend) zu den Ozeanen zählen. Mit einer Fläche in der Größe von Japan ist es zwar das größte Inlandsgewässer der Welt, doch normalerweise wird es nicht als Ozean, sondern eher als der größte See der Welt betrachtet, und kann für unsere Frage vernachlässigt werden.

Jetzt können wir den Punkt ermitteln, der am weitesten von irgendeinem Ozean entfernt ist. Er befindet sich in Chinas Westen, unweit der Grenze zu Kasachstan. Du könntest exakt diesen Punkt wirklich aufsuchen, denn er ist nur 400 Meter von einer leicht erreichbaren Straße in dem Dorf Chasituoluogai entfernt. Es gehört zum Autonomen Mongolischen Kreis Hoboksar, Regierungsbezirk Tacheng im Uigurischen Autonomen Gebiet Xinjiang in China. Gib folgende Koordinaten bei Google Maps ein und die Stelle wird dir genau angezeigt: 46° 34′ 0″ N, 85° 58′ 0″ E.

Grönland
Grönlandsee
Arktischer Ozean
Ostsibirische See
Ochotskisches Meer
Europäisches Nordmeer
Barentssee
Karasee
Irland
Großbritannien
Norwegen
Schweden
Finnland
Estland
Lettland
Litauen
Deutschland
Frankreich
Portugal
Spanien
Polen
Belarus
Schweiz
Tschechien
Österreich
Slowakei
Ungarn
Slowenien
Kroatien
Italien
Serbien
Rumänien
Moldawien
Bulgarien
Albanien
Ukraine
Marokko
Algerien
Tunesien
Griechenland
Nordpazifischer Ozean
Russland
Kasachstan
Mongolei
Georgien
Armenien
Aserbaidschan
Türkei
Libyen
Niger
Usbekistan
Turkmenistan
Kirgisistan
Tadschikistan
Ägypten
Irak
Iran
Afghanistan
China
Japan
Nordkorea
Südkorea
Philippinensee
Taiwan
Sudan
Saudi-arabien
Pakistan
Nepal
Bhutan
Oman
Jemen
Indien
Bangladesch
Myanmar (Burma)
Laos
Süd-chinesisches Meer
Vietnam
Thailand
Kambodscha
Arabisches Meer
Golf von Bengalen
Lakkadivensee
Malaysia
Indonesien
Indischer Ozean

Wer bringt die Weihnachtsgeschenke?

Weihnachten ist die schönste Zeit des Jahres. Die Schulen sind geschlossen, die meisten Eltern müssen nicht arbeiten, Familien kommen zusammen und natürlich gibt es viele, viele Geschenke. Aber wer liefert diese ganzen Päckchen aus? Nun, es kommt darauf an, wo du lebst, aber es ist mit Sicherheit nicht der Postbote.

An manchen Orten bringt der Weihnachtsmann die Geschenke, andernorts ist das Jesuskind oder Christkind dafür zuständig. In Osteuropa wartet Väterchen Frost bis Silvester oder Neujahr mit dem Verteilen der Geschenke. In Norwegen und Schweden kümmern sich die Weihnachtswichtel darum. In Island haben die Weihnachtsgesellen in der festlichen Zeit alle Hände voll zu tun.

Der ungewöhnlichste Geschenkebote Europas könnte der finnische Weihnachts-Ziegenbock sein, der auch Julbock genannt wird. Der Ziegenbock gehörte schon lange vor der Einführung christlicher Traditionen zur nordeuropäischen Kultur. Es ist nicht so ganz klar, warum gerade ein Ziegenbock verehrt wurde, wahrscheinlich aber hängt es mit dem norwegischen Gott Thor zusammen (das ist der Kerl mit dem Hammer). Er fuhr in einer von zwei Ziegenböcken gezogenen Kutsche über den Himmel.

Weihnachts-
gesellen
– ISLAND –
Julbock
– FINNLAND –
Weihnachtswichtel
– NORWEGEN UND SCHWEDEN –
Väterchen Frost
– RUSSLAND UND UKRAINE –
Weihnachts-
mann
– GROSSBRITTANIEN –
St. Nikolaus
– UKRAINE, POLEN UND BELARUS –
Jesuskind
– TSCHECHIEN, SLOWAKEI UND UNGARN –
Christkind
– DEUTSCHLAND, ÖSTERREICH UND SCHWEIZ –
Weihnachts-
baumstamm
– KATALONIEN –
N
W
O
S
Heilige Drei
Könige
– SPANIEN –
St. Basilius
– GRIECHENLAND –

Wo kann ich mich bis zu einem anderen Land durchgraben?

Wenn du von dort, wo du bist, ein Loch gerade nach unten durch den Mittelpunkt der Erde und weiter bis zur anderen Seite hinaus graben würdest, wo kämst du heraus? Diese Karte liefert die Antwort.

Kartografen nennen so etwas eine Antipoden-Karte. Das ist ein Begriff aus der griechischen Mythologie. Wörtlich bedeutet es »Karte der Gegenfüßler«, weil zwei an diesen Punkten stehende Menschen einander die Füße zukehren.

Auf unserem Planeten gibt es nur wenige Länder, deren Antipoden auf dem Land liegen und nicht im Ozean. Europa, Afrika und ein großer Teil von Asien treffen auf die Weite des Pazifischen Ozeans. Australiens Gegenstück ist der Atlantische Ozean. Und die Antipoden von Nordamerika liegen größtenteils im Indischen Ozean. Einige Beispiele für Land-zu-Land-Antipoden sind Hawaii und Botswana, Argentinien und China, Neuseeland und Spanien oder Chile und Russland.

Natürlich können wir nicht wirklich ein Loch durch den Planeten graben. Dieses Loch müsste 12 742 Kilometer tief sein. Selbst das tiefste Loch auf dem Planeten erreicht nur 12,2 Kilometer. Die Bodentemperatur in so großer Tiefe beträgt 180°C – viel zu heiß, als dass Bohrgerätschaften funktionieren würden. Der innere Kern der Erde ist mit 5430°C sogar noch heißer. Dadurch ist es unmöglich, ein Loch durch den Planeten zu bohren.

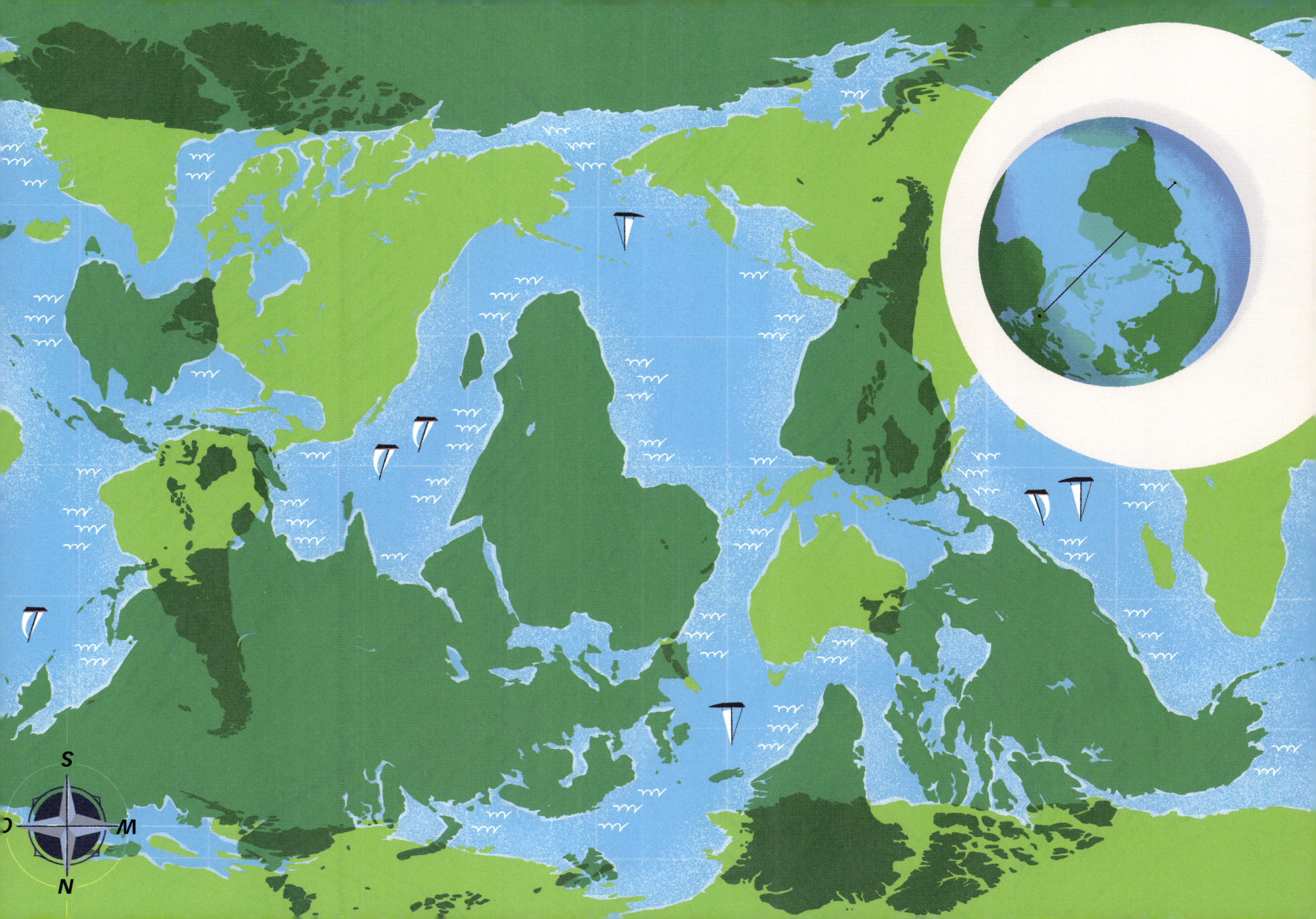
S
M
N

Hunde der Welt

Alle Hunde haben einen gemeinsamen Vorfahren, den Wolf. Vor etwa 30 000 Jahren begann der Mensch, aus dem wilden Wolf ein gehorsames Haustier zu machen. Hunde waren die ersten Tiere, die der Mensch gezähmt hat.

Heute haben wir so viele unterschiedlich aussehende Hunderassen, weil der Mensch begann zu entscheiden, welche Eigenschaften und äußerlichen Merkmale eines Hundes wichtig sind. Der Chihuahua zum Beispiel zählt zu den kleinsten Hunderassen. Mexikaner müssen in der Vergangenheit die kleinsten Hunde zur Zucht verwendet haben, die sie hatten, um immer kleinere Hunde hervorzubringen. Sie nutzten diese Hunde auch als Nahrung. Dieser Prozess der Zucht dauerte sehr lange.

Der australische Kelpie ist ein Arbeitshund. Er hilft den Hirten, die Herden zu hüten. Der Tibetmastiff oder Do Khyi ist zugleich Wachhund und Hütehund. Er besitzt die Widerstandsfähigkeit, die es braucht, um in den hohen Lagen des Himalaja zu überleben. Den normalen Pudel nennt man auch Wasserhund – er wurde dafür gezüchtet, Wildgeflügel zu apportieren, das Jäger über dem Wasser schossen. Pudel waren beliebte Zirkuskünstler, erst später wurden sie zu niedlichen Begleithunden.

Diese Karte kann nicht die Herkunftsländer der über 350 Hunderassen darstellen, sondern zeigt nur eine kleine Auswahl der herrlichen Hundevielfalt.

LABRADOR RETRIEVER
Neufundland, Kanada
ENGLISCHE BULLDOGGE
Großbritannien
SIBERIAN HUSKY
Sibirien, Russland
ISLANDHUND
Island
CHESAPEAKE BAY RETRIEVER
Maryland, USA
DEUTSCHER SCHÄFERHUND
Deutschland
SHIBA
Japan
BOSTON TERRIER
USA
PUDEL
Frankreich
SHIH TZU
Tibet
MOPS
China
HAVANESER
Kuba
AFGHANISCHER WINDHUND
Afghanistan
CHIHUAHUA
Mexiko
TIBETMASTIFF
Tibet
BASENJI
Ghana
KELPIE
Australien
FILA BRASILEIRO
Brasilien
RHODESIAN RIDGEBACK
Simbabwe
ARGENTINISCHE DOGGE
Argentinien
N
W
O
S

Katzen der Welt

Der Mensch zähmte Hunde, weil sie Häuser bewachen, Tiere hüten und bei der Jagd helfen konnten. Warum aber zähmte der Mensch Katzen? Sitzen Katzen nicht nur den ganzen Tag einfach da und schubsen ab und zu Dinge vom Tisch? Wir haben Grund zu der Annahme, dass Menschen gerne Katzen um sich hatten, weil sie die Nagetiere töteten – meistens Mäuse –, die sich an den Essensvorräten der Menschen bedienten. Man schätzt, dass es ungefähr 700 Millionen Katzen auf dem Planeten gibt (ohne Löwen und andere Großkatzen).

Nur 220 Millionen Katzen haben Besitzer – die anderen 480 Millionen sind streunende (oder ungezähmte) Katzen. Ob gezähmt oder nicht: Katzen haben ihre wilden Instinkte nicht verloren. Eine Hauskatze tötet im Durchschnitt zwei Tiere pro Woche (meistens Vögel und Nagetiere), eine streunende Katze ungefähr sechs.

Die Sibirische Katze ist eine sehr alte Rasse. Man glaubt, dass sie die Vorfahrin aller modernen Langhaarkatzen ist. Die Vorfahren der Siamkatze stammen aus Thailand (das hieß früher Siam). Siamkatzen sind sehr beliebt. Sie haben einen schlanken Körper und tiefblaue, mandelförmige Augen.

SPHINX-KATZE
Toronto, Kanada
MANX
Insel Man
NORWEGISCHE WALDKATZE
Norwegen
SIBIRISCHE KATZE
Russland
MAINE-COON-KATZE
Maine, USA
CORNISH REX
Cornwall, Großbritannien
BENGALKATZE
Kalifornien, USA
PERSERKATZE
Iran (Persien)
DRACHEN-LI
China
ÄGYPTISCHE MAU
Ägypten
SIAMKATZE
Thailand
ABESSINIERKATZE
Äthiopien
BURMA-KATZE
Myanmar (Burma)
SOKOKE-KATZE
Kenia
BRASILIANISCH KURZHAAR
Brasilien
N
W
O
S
AUSTRALISCHE SCHLEIERKATZE
Australien

Fußballspielen mit Neil und Buzz

Im Jahr 1969 betraten Neil Armstrong und Buzz Aldrin als erste Menschen den Mond. Bestimmt hast du Fotos und Videos davon gesehen, wie sie die Mondlandefähre von Apollo 11 verließen und die ersten Schritte auf dem Mond unternahmen. Zwei Stunden und 36 Minuten lang spazierten die beiden Astronauten auf dem Mond umher.

Sie nutzten die Zeit und machten Fotos, Videoaufnahmen, Experimente, sammelten Proben vom Mondgestein, errichteten eine amerikanische Flagge und sprachen mit Richard Nixon, dem damaligen Präsidenten der Vereinigten Staaten.

Während ihrer Zeit auf dem Mond entfernten sie sich nie weit von der Eagle (so hieß ihre Mondlandefähre).

Diese Karte vergleicht nun den Weg der Astronauten mit der Größe eines Fußballfeldes. Wie du sehen kannst, sind die Astronauten viel weniger gelaufen als ein Fußballspieler in einem Spiel ... Sie schafften es faktisch kaum bis in die gegnerische Spielfeldhälfte. Neil Armstrong gelangte gerade nahe genug an den gegnerischen Strafraum heran, um einen Schuss auf das Tor wagen zu können. Wir glauben allerdings nicht, dass Neil und Buzz Fußball spielende Außerirdische gesehen haben ...

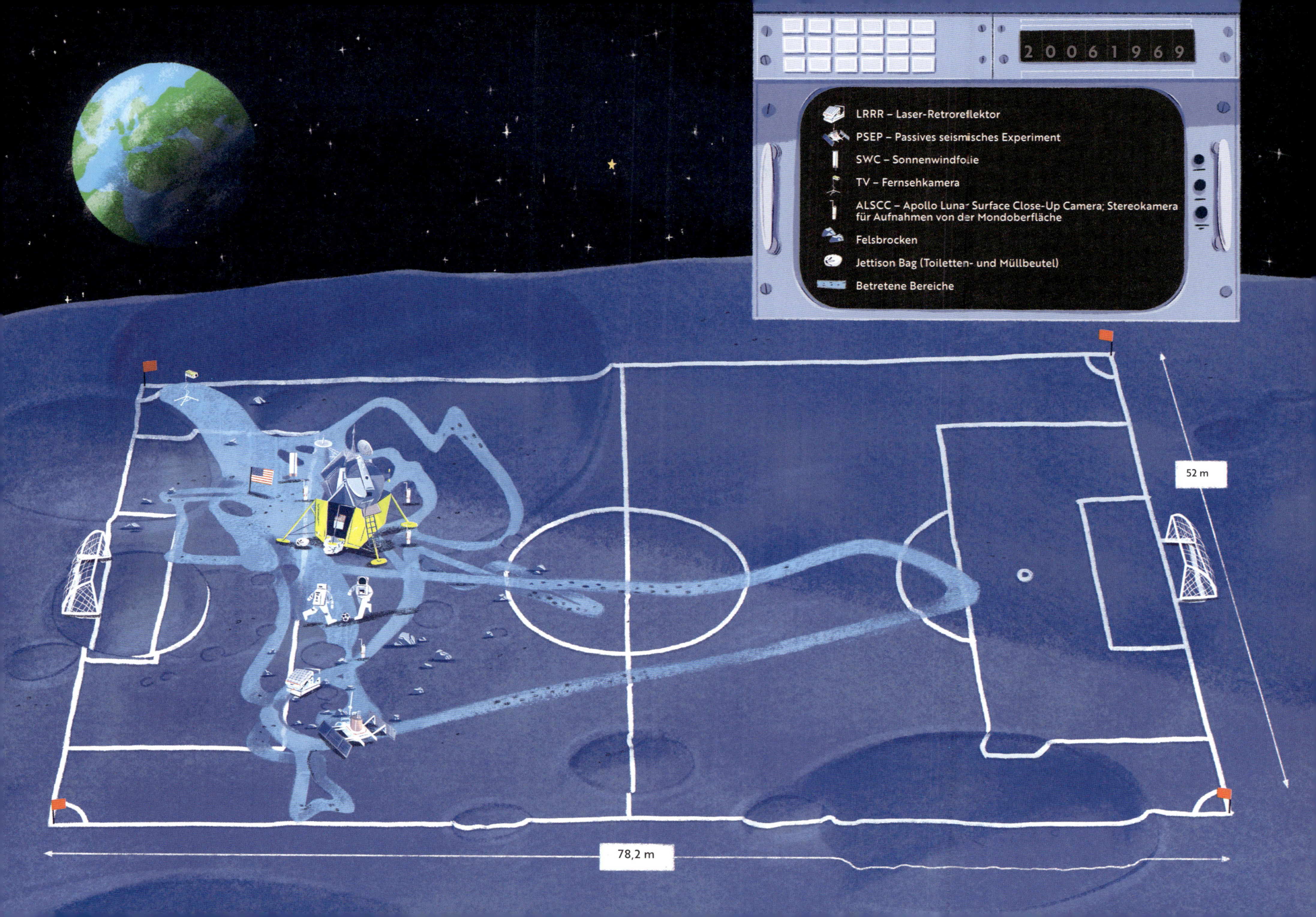

20061969
LRRR – Laser-Retroreflektor
PSEP – Passives seismisches Experiment
SWC – Sonnenwindfolie
TV – Fernsehkamera
ALSCC – Apollo Luna· Surface Close-Up Camera; Stereokamera für Aufnahmen von der Mondoberfläche
Felsbrocken
Jettison Bag (Toiletten- und Müllbeutel)
Betretene Bereiche
52 m
78,2 m

Die Bahnlinien der Welt

Kartografen sagen, viele Landkarten seien in Wirklichkeit lediglich verkappte Bevölkerungskarten. Die Anzahl an Mobilfunkmasten, Fahrzeugzulassungen, Rollstuhlfahrern oder Haustieren spiegelt häufig unmittelbar die Bevölkerung wider. Mehr Menschen brauchen offensichtlich mehr Mobilfunkmasten und diese Menschen werden auch mehr Haustiere kaufen.

Diese Landkarte der Bahnlinien der Welt ist jedoch mehr als nur eine Bevölkerungskarte. Natürlich bauen wir Bahnen in der Nähe von Menschen, damit sich diese auf umweltfreundliche Art und Weise von Stadt zu Stadt bewegen können. Züge sind aber auch eine günstige Möglichkeit, natürliche Ressourcen wie Kohle von Abbaustätten zu Kraftwerken oder Häfen zu befördern.

Auch was Waren angeht, ist es viel günstiger und auch nachhaltiger, sie mit Zügen zu befördern statt mit LKWs. Außerdem gibt es Städte und Länder, die nicht reich genug sind, ordentliche Schienennetze zu bauen. Diese Karte der weltweiten Bahnstrecken ist daher teilweise eine Bevölkerungskarte, teilweise eine Karte über den globalen Wohlstand und teilweise eine Karte der Ressourcen.

S
O
M
N

Das gesamte Wasser der Welt

Diese Karte stellt unseren Planeten ohne all das Wasser dar, das sich eigentlich darauf befindet. Die größere blaue Kugel enthält das gesamte Wasser der Erde. Dazu zählen Ozeane, Eiskappen, Seen, Flüsse, Grundwasser, Wasser in der Atmosphäre, das Wasser in deinem Körper und sogar das Wasser in deinen Getränken – hier wird jeder einzelne Wassertropfen gezählt. Der Durchmesser der Kugel beträgt 1384 Kilometer oder ungefähr die Länge von Kalifornien.

Das meiste Wasser aus dieser Kugel können wir Menschen gar nicht nutzen. Der Großteil ist Salzwasser aus den Ozeanen, das wir nicht trinken oder für andere Zwecke verwenden können, ohne viel Energie für die Entsalzung aufzuwenden.

Wie viel der Gesamtwassermenge ist nun aber Süßwasser, das Menschen und viele andere Lebensformen zum Überleben brauchen? Die kleinere blaue Kugel stellt das flüssige Süßwasser der Erde dar (Grundwasser, Wasser aus Seen, Feuchtgebieten und Flüssen). Das Volumen entspricht etwa 10 633 450 Kubikkilometern. 99 Prozent hiervon sind Grundwasser, dessen Großteil für den Menschen nicht erreichbar ist. Der Durchmesser dieser Kugel beträgt ungefähr 273 Kilometer.

In jedem Fall sollte diese Karte uns daran erinnern, wie sehr wir die knappe Ressource Wasser – vor allem unser Süßwasser – wertschätzen sollten.

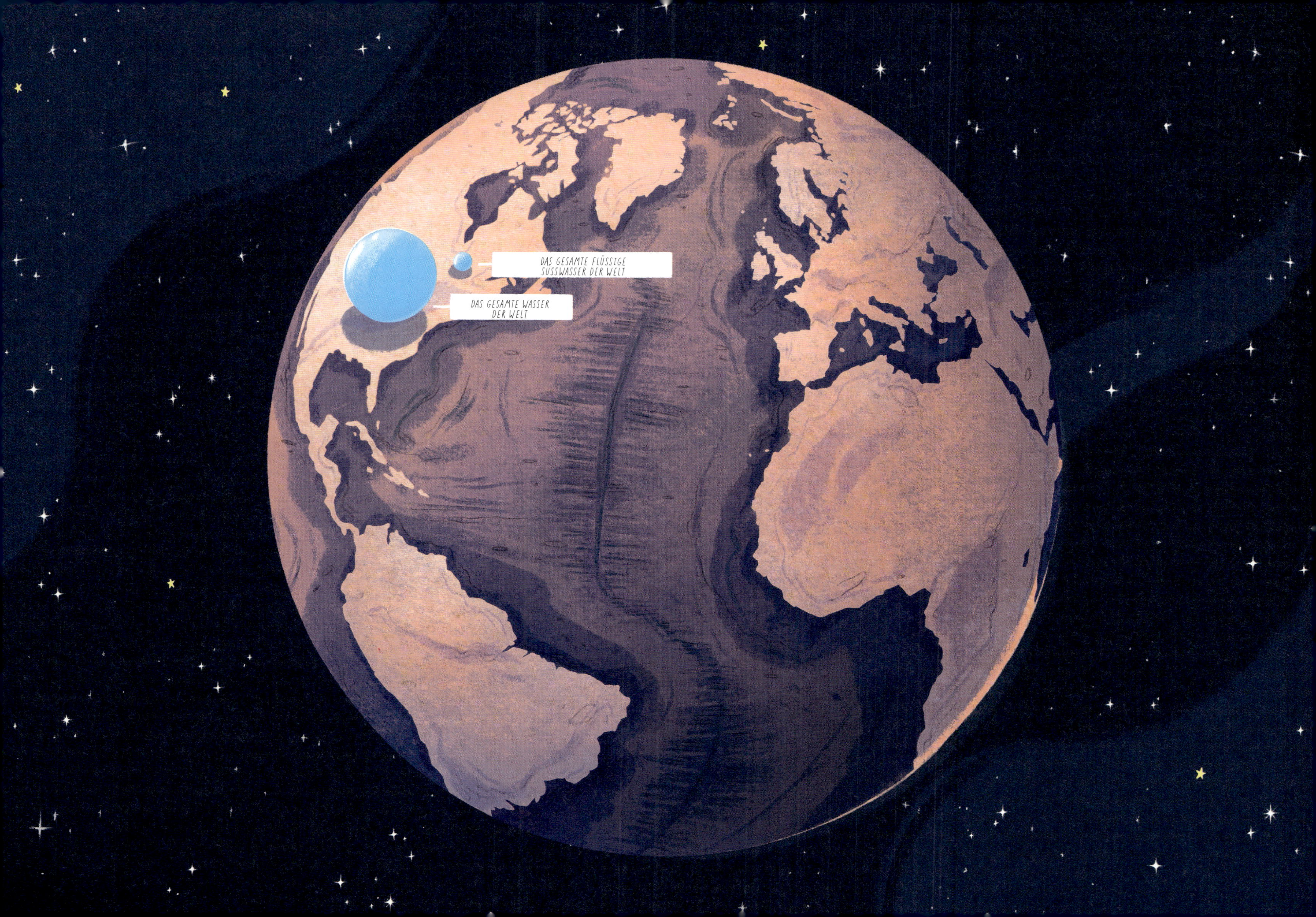
DAS GESAMTE FLÜSSIGE SÜSSWASSER DER WELT
DAS GESAMTE WASSER DER WELT

Die Welt ohne Fußball

Fußball, in manchen Ländern auch Soccer genannt, ist weltweit der mit Abstand beliebteste Sport. Auf dieser Karte wurden alle Länder entfernt, in denen Fußball eindeutig der beliebteste Sport ist. Ermittelt wurde dies anhand der Zahl der Fernsehzuschauer, der aktiven Spielerinnen und Spieler, des öffentlichen Interesses und durch Berichte in den örtlichen Medien. Nun haben wir eine Welt ohne Fußball!

Es fehlen Afrika, der größte Teil Europas und der Großteil Süd- und Mittelamerikas. Der zweitbeliebteste Sport der Welt ist Cricket mit geschätzten 2,5 Milliarden Fans. Im Vergleich dazu: Die Zahl der Fußballfans liegt bei 3,5 Milliarden. Tennis ist zwar ebenfalls sehr beliebt, jedoch ist es in keinem Land der beliebteste Sport.

Die beliebtesten Sportarten sind fast überall Mannschaftssportarten. Ausnahmen hiervon sind Wrestling in der Mongolei und Bogenschießen in Bhutan – zwei Sportarten, die tief in der jeweiligen Kultur des Landes verankert sind und jeweils auch als der offizielle Nationalsport gelten. Gegen eine solche historische Wichtigkeit kommt selbst Fußball nicht an. Wie steht es um Baseball? Die meisten Menschen außerhalb der USA zeigen kein Interesse an Baseball, nur die Länder der Karibik und Japan haben daran Gefallen gefunden.

DIE BELIEBTESTEN SPORTARTEN (AUSSER FUSSBALL)
EISHOCKEY
AMERICAN FOOTBALL
BASEBALL
CRICKET
RUGBY
WRESTLING
BASKETBALL
GAELIC FOOTBALL
RUGBY LEAGUE
BOGENSCHIESSEN
N
W
O
S

Die Heldenfahrt des Odysseus

Die Odyssee ist das berühmteste Gedicht der Welt und knapp 3000 Jahre alt. Wenn auch als Gedicht bezeichnet, handelt es sich eigentlich eher um eine epische Abenteuergeschichte. Der griechische Dichter Homer (nicht Simpson) schildert, wie Odysseus, der König von Ithaka, nach Hause reist, nachdem er zehn Jahre lang im Trojanischen Krieg gekämpft hat (der Krieg mit dem Holzpferd).

Die Heimreise dauerte am Ende weitere zehn Jahre. Auf dieser Fahrt musste Odysseus gegen mythische Geschöpfe kämpfen und sich dem Zorn der Götter stellen. Während er all diese Herausforderungen überstand, hatten seine Frau Penelope und sein Sohn Telemachos zu Hause in Ithaka ebenfalls einige Probleme zu bewältigen. Sie mussten Männer abwehren, die um Penelopes Hand wetteiferten und den Thron von Ithaka besteigen wollten, da sie Odysseus für tot hielten. Schließlich bewies der zurückgekehrte Odysseus seine Identität in einem Wettkampf, ermordete die Bewerber um Penelopes Hand und eroberte den Thron von Ithaka zurück. Die Karte stellt die ungefähre Route dar, die Odysseus auf dem Mittelmeer gefahren sein soll.

1. Odysseus hilft, im TROJANISCHEN KRIEG zu siegen. Er macht sich auf den Heimweg …
2. Die Götter pusten seine Schiffe zum Land der KIKONEN. Dort werden sie angegriffen.
3. Im Land der LOTOPHAGEN (Lotosesser) vergessen er und seine Crew durch Zauberspeisen das Ziel ihrer Reise.
4. Odysseus bezwingt einen einäugigen ZYKLOPEN, der die Crew fressen will.
5. Der Windgott AIOLOS packt die ungünstigen Winde für Odysseus ein … Doch die Crew öffnet den Sack und sie werden vom Kurs abgetrieben.
6. LAISTRYGONEN – Riesen – bewerfen die Schiffe mit Felsbrocken und zerstören alle, bis auf das des Odysseus.
7. Die Zauberin KIRKE verwandelt Odysseus' Crew in Schweine.
8. ODYSSEUS betritt den Hades, die Unterwelt, um zu erfahren, wie er nach Hause kommt.
9. SIRENEN versuchen, sein Schiff auf die Felsen zu locken.
10. Das Schiff entkommt dem Ungeheuer SKYLLA und dem Wasserstrudel CHARYBDIS.
11. Odysseus erleidet Schiffbruch und wird von der Nymphe KALYPSO gerettet. Sie hält ihn sieben Jahre lang fest.
12. Odysseus trifft nach zehn Jahren zu Hause in ITHAKA ein.
N
W
O
S

Fleischesser rund um den Globus

Diese Karte stellt den durchschnittlichen täglichen Fleischkonsum pro Person weltweit dar. In Europa isst der Durchschnittsmensch jeden Tag 165 Gramm Fleisch. In den orangefarbenen Ländern wird so viel oder mehr Fleisch gegessen wie in der EU. In den gelben Ländern wird weniger als 40 Gramm Fleisch pro Tag gegessen. An manchen Orten der Welt, wie zum Beispiel in Indien, entscheiden sich die Menschen aus religiösen Gründen dafür, sehr wenig Fleisch zu essen. Häufiger ist der Grund für einen geringen Fleischverbrauch allerdings der, dass die Einwohner sich nicht viel Fleisch leisten können – zumindest noch nicht. Als beispielsweise China reicher wurde, gehörte Fleisch zu den ersten Dingen, für die die Menschen ihr neu erworbenes Vermögen ausgaben.

Nur die ärmsten Länder Lateinamerikas konsumieren weniger Fleisch als Europa. Fleisch zu essen wird in armen Ländern immer ein Statussymbol bleiben, selbst wenn die Menschen in wohlhabenden Ländern sich dazu entscheiden würden, aus humanitären Gründen Vegetarier zu werden.

Mit wachsendem Reichtum in asiatischen und afrikanischen Ländern ist zu erwarten, dass der Fleischkonsum dort ansteigt. Selbst wenn die Zahl an Menschen, die sich für eine vegetarische Ernährung entscheiden, wachsen sollte, wird die Fleischindustrie immer noch eine ansteigende Nachfrage erleben, solange der Klimawandel große Tierherden zulässt.

DURCHSCHNITTLICHER
TÄGLICHER FLEISCHVERZEHR
PRO PERSON
UNTER 40 G
40 – 165 G
MEHR ALS 165 G
KEINE ANGABEN
N
W
O
S

Die längste gerade Linie, die du gehen kannst

Die längste gerade Linie, die du auf der Erde gehen kannst, ohne einen Ozean überqueren zu müssen, führt dich von Liberia an der Atlantikküste den ganzen langen Weg bis zur Pazifikküste im Osten Chinas.

Auf einer Landkarte wirkt die Linie nicht gerade. Dies liegt daran, dass eine gerade Linie auf einem dreidimensionalen Globus immer gebogen aussehen wird, wenn man sie auf eine zweidimensionale Karte überträgt.

Der Marsch immer geradeaus würde extrem lange dauern. Bei einer realistischen Geschwindigkeit von fünf Kilometern pro Stunde und zehn Stunden am Tag würdest du für die 13 571 Kilometer 271 Tage brauchen.

Auf den ersten 1000 Kilometern geht es durch Waldgebiete und Buschsteppen. Es folgen 4000 Kilometer Wüste. (Nimm also Wasser mit.) Nach weiteren 5000 Kilometern gelangst du an den Nil und befindest dich so nah bei Kairo, dass du genauso gut noch die Pyramiden besichtigen kannst, bevor du den Suezkanal überquerst.

Die nächsten 1000 Kilometer führen dich über die arabische Halbinsel. Wenn du Asien erreicht hast und am Kaspischen Meer vorbeispaziert bist, musst du ab Kilometer 9000 den Himalaja überqueren. Der höchste Punkt liegt hier auf etwa 5000 Metern. Nach einer kleinen Kletterpartie erreichst du eine Hochebene. Für einige 100 Kilometer ist nun alles flach, dann liegt wieder eine Kletterstrecke vor dir.

Die letzten 2000 Kilometer werden dafür einigermaßen gemütlich. Deine Reise hat dich durch Liberia, die Elfenbeinküste, Ghana, Burkina Faso, Niger, Tschad, Libyen, Ägypten, Israel, Palästina, Jordanien, Irak, Iran, Turkmenistan, Usbekistan, Tadschikistan, Afghanistan und China geführt.

RUSSLAND
FINNLAND
NORWEGEN
SCHWEDEN
ESTLAND
LETTLAND
LITAUEN
DÄNEMARK
VEREINIGTES KÖNIGREICH
IRLAND
NIEDERLANDE
DEUTSCHLAND
POLEN
BELARUS
BELGIEN
LUXEMBURG
TSCHECHIEN
SLOWAKEI
UKRAINE
SCHWEIZ
ÖSTERREICH
UNGARN
MOLDAWIEN
SLOWENIEN
RUMÄNIEN
FRANKREICH
KROATIEN
SERBIEN
BOSNIEN UND HERZEGOWINA
MONTENEGRO
BULGARIEN
NORDMAZEDONIEN
ALBANIEN
ITALIEN
SPANIEN
PORTUGAL
GRIECHENLAND
TÜRKEI
GEORGIEN
ASERBAIDSCHAN
ARMENIEN
KASACHSTAN
USBEKISTAN
KIRGISISTAN
TURKMENISTAN
TADSCHIKISTAN
NORD-ATLANTISCHER OZEAN
TUNESIEN
MITTELMEER
ZYPERN
SYRIEN
LIBANON
PALÄSTINA
ISRAEL
JORDANIEN
IRAK
IRAN
AFGHANISTAN
CHINA
MAROKKO
KUWAIT
PAKISTAN
NEPAL
BHUTAN
ALGERIEN
LYBIEN
WEST-SAHARA
ÄGYPTEN
SAUDI-ARABIEN
KATAR
VEREINIGTE ARABISCHE EMIRATE
BANGLADESCH
INDIEN
TAIWAN
ROTES MEER
MAURETANIEN
MYANMAR
VIETNAM
LAOS
OMAN
MALI
NIGER
TSCHAD
SUDAN
ERITREA
JEMEN
THAILAND
SENEGAL
GUINEA-BISSAU
BURKINA FASO
INDISCHER OZEAN
GUINEA
BENIN
NIGERIA
DSCHIBUTI
KAMBODSCHA
SIERRA LEONE
ELFENBEIN-KÜSTE
TOGO
GHANA
LIBERIA
ZENTRAL-AFRIKANISCHE REPUBLIK
SÜDSUDAN
ÄTHIOPIEN
SÜDATLANTISCHER OZEAN
KAMERUN
ÄQUATORIAL-GUINEA
SOMALIA
GABUN
UGANDA
KENIA
KONGO
DEMOKRATISCHE REPUBLIK KONGO
RUANDA
BURUNDI
TANSANIA

Karte der Landschaftsbegriffe

Die Bezeichnungen für die verschiedenen Abschnitte einer Landschaft kann man sich schwer merken, wenn man sie noch nie gesehen hat. Diese Fantasielandschaft zeigt uns die unterschiedlichen geografischen Merkmale. Jeder weiß, wie ein See, ein Strand oder ein Gebirge aussieht. Doch kannst du einen Tafelberg, einen Archipel oder einen Isthmus erkennen?

EISBERG
GEBIRGSKETTE
VULKAN
ARCHIPEL
WASSERFALL
GLETSCHER
SEE
BERG
HOCH-
EBENE
GEYSIR
FLUSS
LANDZUNGE
WALD
STADT
FELD
FJORD
SCHLUCHT
KLIPPE
INSEL
HÜGEL
HALBINSEL
TAL
ATOLL
EBENE
KLUFT
HAIN
STAUSEE
STRAND
STEILUFER
DAMM
LAGUNE
DSCHUNGEL
ISTHMUS
(LANDENGE)
SUMPF
OZEAN
TAFELBERG
FLUSSMÜNDUNG
DELTA
TIEFLAND
WÜSTE
BUCHT
KRATER

Superlative im Vergleich: Mongolisches Reich versus Römisches Reich

Das Römische Reich hatte im Jahr 117 unserer Zeitrechnung (u. Z.) seine größte Ausdehnung. Es umfasste alle Länder rings um das Mittelmeer. Die Beförderung großer Heere und der Handel waren mit Schiffen einfacher, billiger und schneller als auf Landrouten. Dennoch blieben die Römer ein an Land gebundenes Volk.

Die Marine half zwar bei der Eroberung des Mittelmeerraums, sie genoss aber nie ein so hohes Ansehen wie die römischen Legionen. Die Römer waren noch nicht einmal große Schiffsbauer und verließen sich beim Bau ihrer Marine auf die Griechen und Ägypter. Aus diesem Grund hatten die Römer auch stets eine halbherzige Einstellung zur Marine, denn sie hielten sie für ein bisschen »unrömisch«!

Wenn du dachtest, das Römische Reich wäre groß gewesen, dann sieh dir mal das Mongolische Reich an. Zu seiner Blütezeit (um 270 u. Z.) umfasste es eine ungefähr fünfmal so große Landfläche wie das Römische Reich. Das Mongolische Reich ging aus der Vereinigung mehrerer Nomadenstämme hervor und stand unter der Führung des berühmten Dschingis Khan.

Die Mongolen setzten bei der Eroberung neuer Gebiete auf eine berittene Armee. Mit fünf Millionen Quadratkilometern war das Römische Reich ungefähr halb so groß wie die heutigen Vereinigten Staaten von Amerika mit ihren knapp zehn Millionen Quadratkilometern Fläche. Das Mongolische Reich mit 25 Millionen Quadratkilometern war viel größer als das Römische Reich und die Vereinigten Staaten.

DAS MONGOLISCHE REICH
unter Kublai Khan im Jahr 1270 u. Z.
Karakorum
DAS RÖMISCHE REICH
unter Kaiser Trajan im Jahr 117 u. Z.
Rom
N
O
S
W

Europas Leuchttürme

Leuchttürme warnen Schiffe vor Klippen, Riffen und flachem Wasser, indem sie Warnlichter aussenden. Fotos von Leuchttürmen an gefährlichen und felsigen Küstenlinien findet man überall, aber wusstest du, dass manche Leuchttürme auch Schiffen auf Flüssen und Seen zu sicherer Fahrt verhelfen? In früheren Zeiten kümmerte sich ein Leuchtturmwärter um die Lampen und Linsen des Turms. Da manche Leuchttürme auf winzigen Inseln vor Küsten stehen, war dies eine sehr einsame Arbeit. Heute werden Leuchttürme automatisiert betrieben und Techniker müssen nur hin und wieder vor Ort sein, um die Ausstattung zu überprüfen und gegebenenfalls zu reparieren.

Jeder rote Punkt auf dieser Karte ist ein Leuchtturm. Eine Auswahl Europas hübschester und außergewöhnlichster Leuchttürme ist mit Bild dargestellt. In Genua steht einer der höchsten Leuchttürme des Kontinents. Fastnet in Irland zählt zu den am häufigsten abgebildeten Leuchttürmen, denn er steht an einem spektakulären Standort: auf einer Felseninsel. In Wien gibt es einen inländischen Leuchtturm, der Schiffen auf der Donau Orientierung bietet. Der Herkulesturm in A Coruña, Spanien, wurde vor 2000 Jahren von den Römern erbaut. Der malerische Leuchtturm Rubjerg Knude in Dänemark war einsturzgefährdet, nachdem Sanddünen ihn unter sich begraben hatten, doch er wurde abgebaut und nur 70 Meter landeinwärts wieder errichtet. Der Leuchtturm von Alexandria gehörte zu den sieben Weltwundern der Antike, um 1323 u. Z. wurde er aber durch ein Erdbeben zerstört.

EUROPAS BEKANNTESTE LEUCHTTÜRME
1. Fastnet Lighthouse
2. Herkulesturm
3. Farol de Santa Marta
4. Needles Lighthouse
5. Leuchtturm Rubjerg Knude
6. Leuchtturm Bengtskär
7. Leuchtturm Donauinsel
8. Leuchtturm Roter Sand
9. Leuchtturm am Capo Peloro
10. Leandertum
11. Leuchtturm von Alexandria

Was ist größer: Pluto oder Australien?

Pluto wurde erst 1930 entdeckt. Zwar hatten einige Astronomen zuvor bereits Aufnahmen von Pluto gemacht, doch sie erkannten nicht, dass der winzige Punkt am Himmel ein Planet sein könnte. Nach seiner Entdeckung galt Pluto als neunter Planet des Sonnensystems.

In den 1990er Jahren entdeckten Astronomen dann mehrere Objekte, die mehr oder weniger genauso groß sind wie Pluto. Dies zwang die Internationale Astronomische Union im Jahr 2006 dazu, klar zu definieren, was als Planet zählt. Pluto hat es nicht geschafft und wird seitdem als Zwergplanet eingestuft.

Eigentlich ist der Begriff »Zwergplanet« auch ziemlich passend: Würden wir Pluto nehmen und vorsichtig mittig auf Australien legen, würde er noch nicht einmal eine der fünf größten Städte des Kontinents zerquetschen. Die Einwohner von Alice Springs – der größten Stadt im Herzen Australiens – wären allerdings ziemlich geplättet!

Vielleicht lassen wir lieber die Finger von diesem freundlichen Zwergplaneten, damit er weiterhin fröhlich um die Sonne kreisen kann. Pluto muss auf seiner Reise um die Sonne viel härter arbeiten als wir auf dem Planeten Erde: Während die Erde nur ein einziges Jahr für die Umrundung braucht, benötigt Pluto 248 Jahre.

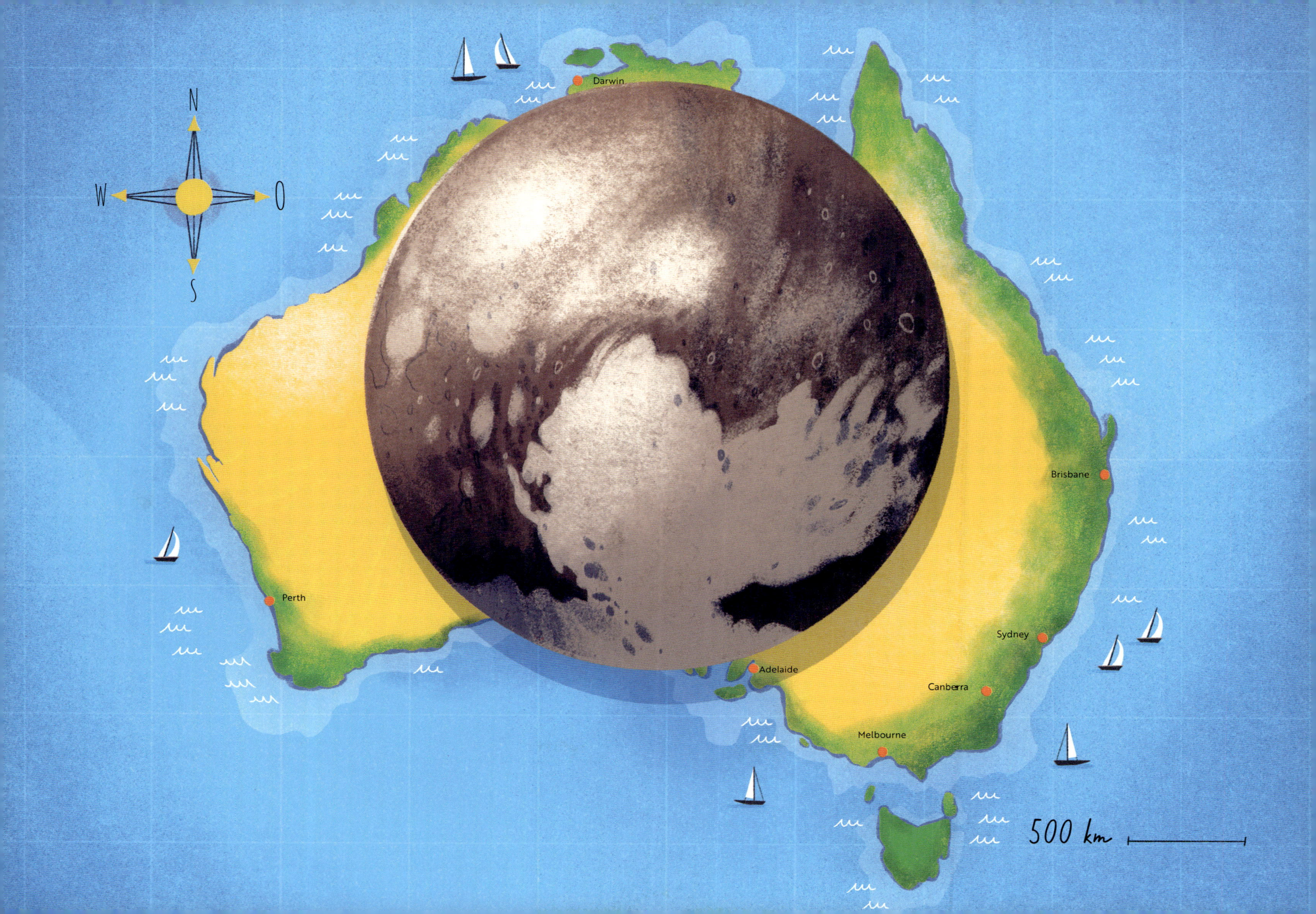

N
W
O
S
Darwin
Perth
Brisbane
Adelaide
Sydney
Canberra
Melbourne
500 km

Wo kannst du die Nordlichter sehen?

Die Nordlichter, auch *Aurora Borealis* genannt, zählen zu den schönsten Naturphänomenen auf unserem Planeten. Schillernde Lichter erscheinen am nächtlichen Himmel. Sie sind wie Vorhänge, Strahlen oder Spiralen geformt, manchmal flackern sie lebhaft.

Doch wie entstehen sie? Große Stürme auf der Oberfläche der Sonne senden mächtige Wolken elektrisch aufgeladener Teilchen aus. Wenn diese Partikel mit dem Magnetfeld der Erde zusammenstoßen, beschleunigen sie sich in Richtung der beiden Pole, heizen sich auf und beginnen zu glühen. Eine Reaktion, die physikalisch erklärt werden kann, aber eine absolut magische Wirkung hat.

Diese Karte zeigt die Stellen auf der Erde, an denen man die Nordlichter am besten beobachten kann. Die Stadt Fairbanks in Alaska ist ein beliebter Ort für Touristen, die einen Blick auf die Nordlichter erhaschen wollen. Auch ausgedehnte Weiten der kanadischen Wildnis bieten einen großartigen Blick auf die Lichter – ein wunderschöner Genuss beim Camping. In den nordeuropäischen Ländern Schweden, Norwegen und Island lassen sich ebenfalls sensationelle Beobachtungen machen. Und sogar in Schottland – im Galloway Forest Park – können Besucher mit etwas Glück die Nordlichter sehen.

Reisezeiten ab London im Jahr 1914

Isochronen – so nennen Kartografen die Linien, die anzeigen, wie weit wir innerhalb einer bestimmten Zeit von einem bestimmten Ausgangspunkt aus reisen können. Diese Karte bildet die berühmteste Isochronenkarte nach. Das Original wurde von John C. Bartholomew entworfen. Damit zeigte er, wie weit man im Jahr 1914 von London aus innerhalb einer bestimmten Zeitspanne reisen konnte.

Jeder Punkt in West- und Mitteleuropa konnte innerhalb von fünf Tagen erreicht werden. Eine Reise nach New York war in fünf bis zehn Tagen möglich, zehn bis 20 Tage dauerte es bis nach Rio de Janeiro und für eine Reise nach Sydney musste man 30 bis 40 Tage einplanen. Viele Gegenden im Landesinneren von Lateinamerika, Afrika oder Australien erforderten eine Reise von über 40 Tagen.

Flugzeuge wurden 1914 noch nicht für Passagierreisen genutzt. In Europa waren ein paar Luftschiffe, zum Beispiel Zeppeline, in Betrieb, doch sie beförderten nicht viele Fahrgäste. Es war die Zeit der Eisenbahnen und der Dampfschiffe. Erst zwei Jahre zuvor, im Jahr 1912, hatte der Untergang der Titanic für großes Aufsehen gesorgt, doch selbst diese Katastrophe konnte die Begeisterung für Dampfschiffe nicht schmälern.

Entfernungen von London in Tagen

Bis zu 5 Tage	5 bis 10 Tage	10 bis 20 Tage	20 bis 30 Tage	30 bis 40 Tage	Über 40 Tage

Reisezeiten ab London in der heutigen Zeit

Über 100 Jahre später ist die Karte von John G. Bartholomew überholt. Züge und Flugzeuge bewegen sich mit viel höheren Geschwindigkeiten fort und Straßennetze machen schnellere regionale Reisen möglich. Dampfschiffe werden für Langstreckenreisen nicht mehr genutzt (auch wenn manche Menschen immer noch gerne auf Kreuzfahrtschiffen reisen).

Die auf die heutige Zeit angepasste Version der Isochronenkarte zeigt die heutigen Reisezeiten ab London und es ist deutlich zu sehen, wie viel einfacher das Reisen geworden ist. Wir können von London aus in weniger als zwei Tagen überall auf den Planeten reisen!

Die einzigen Ausnahmen sind völlig unzugängliche Wüstengebiete und die gefährlichsten Gebirgsgipfel. Die Strecke von London nach Sydney hat sich von über einem Monat auf einen einzigen Tag verkürzt. Das bedeutet auch, dass das Reisen viel billiger geworden ist. Früher konnten die Menschen auf dem Schiff einen Monat lang nicht arbeiten und verdienten in dieser Zeit nichts. Heute, da die Menschen die meisten Regionen des Globus innerhalb von einem oder zwei Tagen erreichen können, versäumen sie ihre Arbeit während der Reisezeit nicht unbedingt.

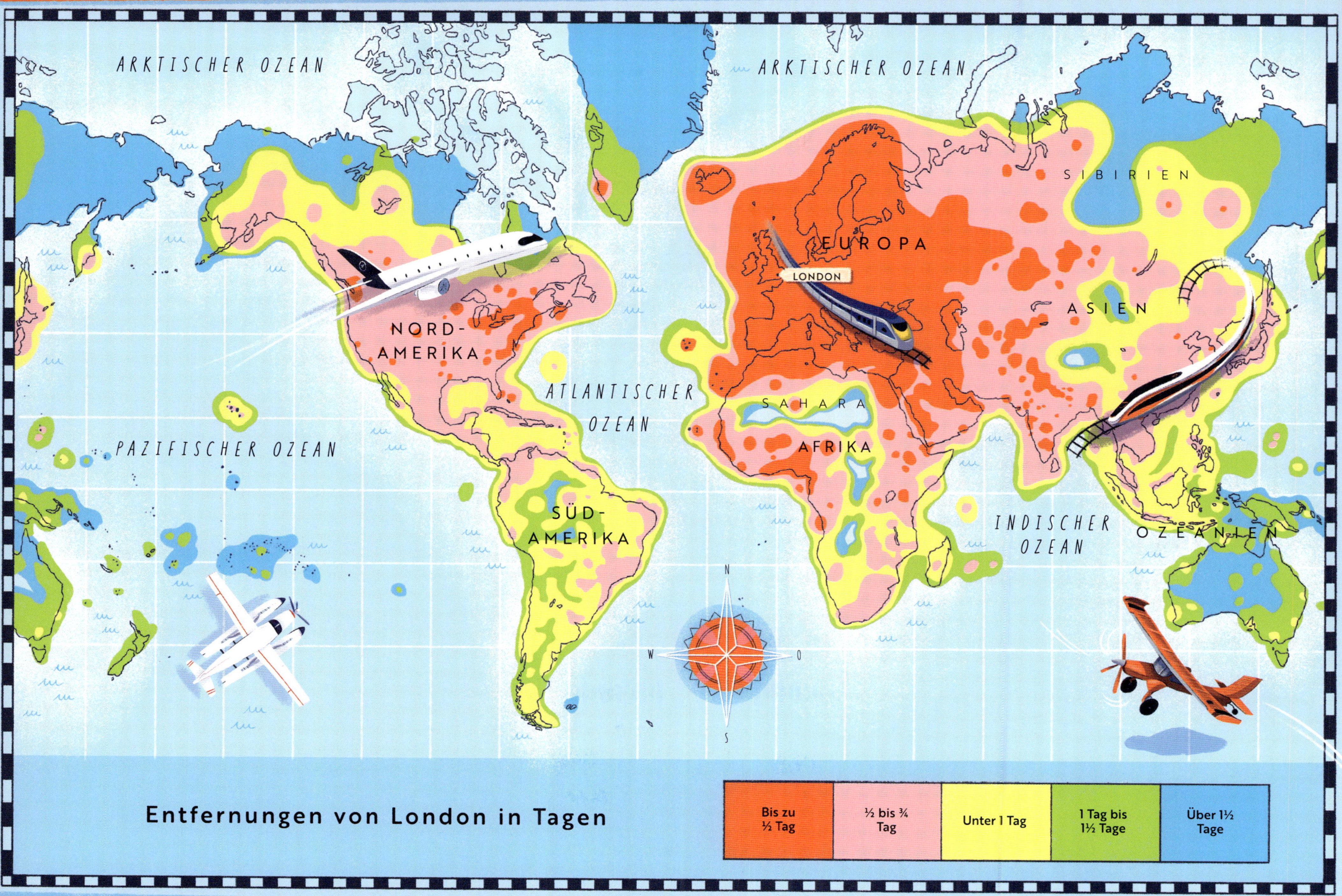

ARKTISCHER OZEAN
ARKTISCHER OZEAN
SIBIRIEN
EUROPA
LONDON
ASIEN
NORD-AMERIKA
ATLANTISCHER OZEAN
SAHARA
AFRIKA
PAZIFISCHER OZEAN
SÜD-AMERIKA
INDISCHER OZEAN
OZEANIEN
N
W
O
S
Entfernungen von London in Tagen
Bis zu ½ Tag
½ bis ¾ Tag
Unter 1 Tag
1 Tag bis 1½ Tage
Über 1½ Tage

Die ungewöhnlichsten Speisen der Welt

Hier findet sich eine Sammlung von Speisen aus aller Welt, die du bestimmt niemals essen möchtest, die aber manchen Menschen richtig gut schmecken.

Wir beginnen einmal mit der Vogelkacke. Im Winter ist der Kot des *Ptarmigan* (auch Schneehuhn genannt) nicht zähflüssig wie im Sommer, sondern trocken. So lässt er sich leicht einsammeln, denn der Vogel hinterlässt mit jeder Ausscheidung etwa 50 Tröpfchen beziehungsweise Kügelchen. Diese werden mit Robbenfleischstückchen in ranzigem Robbenöl gebraten. Du magst keinen Kot? Dann ist vielleicht eine polnische Blutsuppe oder ein italienischer Käse mit lebenden Insektenlarven etwas für dich.

Hast du Angst vor Spinnen? Wenn nicht, könnte eine knusprig geröstete Tarantel aus Kambodscha der richtige Snack für dich sein. Und falls du etwas Protein brauchst, ist die Mopane-Raupe aus Botswana ideal für dich. Die Raupe ist die reinste Protein- und Kalziumquelle und wird üblicherweise unter einen stückigen Tomaten-Erdnuss-Eintopf gerührt.

KOT DES PTARMIGAN
– GRÖNLAND
HÁKARL (FERMENTIERTES HAIFISCHFLEISCH)
– ISLAND
CZERNINA (BLUTSUPPE)
– POLEN
SCHAFSAUGEN IN TOMATENSAFT
– MONGOLEI
ALLIGATORSCHWÄNZE
– USA
CASU MARZU (KÄSE MIT MADEN)
– SARDINIEN, ITALIEN
HUNDERTJÄHRIGE EIER
– CHINA
CHAPULINES (GEBRATENE GRASHÜPFER)
– MEXIKO
KALEH PACHEH (GEKOCHTER SCHAFSKOPF)
– IRAN
KOBRAHERZ
– VIETNAM
CUY (GEGRILLTES MEERSCHWEINCHEN)
– PERU
GEBRATENE TARANTEL
– KAMBODSCHA
MOPANE-MADEN
– SIMBABWE
WITCHETTY-MADEN
– AUSTRALIEN
N
W
O
S

Hannibals Überquerung der Alpen

Hast du je von der Alpenüberquerung des Hannibal gehört? Hannibal kam aus der Stadt Karthago im heutigen Tunesien. Er war Oberbefehlshaber der karthagischen Armee. Im Jahr 218 vor unserer Zeit (v. u. Z.) war er erst 28 Jahre alt, befehligte aber schon Tausende von Soldaten.

Hannibals Armee griff Saguntum (das heutige Sagunt) in Südspanien an. Weil Saguntum mit Rom verbündet war, löste dieser Angriff einen Krieg mit dem mächtigen Römischen Reich aus. Hannibal wollte Rom angreifen, wusste jedoch, dass die römische Marine das Mittelmeer und die Küste von Spanien bis nach Rom beherrschte.

Daher plante er den berühmtesten Überraschungsangriff der Geschichte und führte ihn letztlich auch aus. Er ließ 46000 Soldaten, 8000 Pferde und – was am bekanntesten ist – 38 afrikanische Kriegselefanten über die verschneiten Gebirge der Pyrenäen und Alpen marschieren.

Heute wäre das eine eindrucksvolle Wanderreise, doch mit einer riesengroßen Armee im Schlepptau ist es nahezu unglaublich. Eine auf diese Weise anrückende Armee hatten die Römer nicht erwartet und so erwischte sie Hannibal bei seiner Ankunft in Norditalien eiskalt. Die Reise war allerdings so strapaziös, dass die Armee beim Marsch nach Italien Tausende Soldaten verloren hatte.

1. Der karthagische Feldherr Hannibal beschließt, über die Alpen kommend einen Überraschungsangriff auf Rom auszuführen. Damit hat niemand gerechnet! Er startet in Spanien mit 38 000 Fußsoldaten, 8000 berittenen Soldaten und 38 afrikanischen Kriegselefanten.
2. Der gallische Stamm der Allobroger überfällt das Heer: Es wird mit Pfeilen beschossen und von den Bergen herab mit Felsbrocken beworfen.
3. Als das Heer die mächtigen Alpengebirge überquert, muss es mit Steinschlägen, schmalen Felssimsen und bitterer Kälte zurechtkommen. Viele Männer, Pferde und Elefanten sterben auf der Tour.
4. Als Hannibal in Norditalien eintrifft, hat er rund 24 000 Männer und Tausende Pferde verloren. Nur wenige Elefanten überleben.
5. Doch der Plan geht auf. Hannibals Heer erobert Norditalien und tötet in der Schlacht von Cannae 216 v. u. Z. 50 000 Römer
6. Nach jahrelanger Kriegführung wird Hannibal 203 v. u. Z. nach Karthago zurückberufen, ohne Rom je eingenommen zu haben.
SPANIEN
GADES
CARTAGENA
SAGUNTUM
BALEAREN
MITTELMEER
MASSILIA
KORSIKA
SARDINIEN
TICINO 218 v. u. Z.
TREBIA 218 v. u. Z.
TRASIMENE 217 v. u. Z.
CANNAE 216 v. u. Z.
TYRRHENISCHES MEER
CAPUA
CROTONE
IONISCHES MEER
RHEGIUM
203 v. u. Z.
SIZILIEN
SYRAKUS
CARTHAGE
ZAMA 202 v. u. Z.
NUMIDIEN
ROUTE DER INVASION DES HANNIBAL
HANNIBALS ROUTE
WICHTIGSTE SCHLACHTEN

Die Bevölkerung Kanadas

In welches Land solltest du gehen, wenn du dich nach Einsamkeit sehnst und allein sein möchtest? Kanada wäre eine sehgr gute Wahl – zumindest der nördliche Teil des Landes. Kanada ist das zweitgrößte Land der Welt, gehört aber gleichzeitig zu den Ländern mit der niedrigsten Bevölkerungsdichte.

Es gibt ein paar Ausnahmen in Form von Großstädten und Metropolregionen, wie zum Beispiel Toronto im Süden Kanadas. Die Hälfte aller Kanadier lebt in dieser kleinen Ecke des Landes, während die anderen 50 Prozent in den Weiten des Nordens und Westens verstreut sind. Am einsamsten ist es ganz im Norden in der Region Nunavut. Die Region ist 16-mal so groß wie England, hat aber nur so viele Einwohnerinnen und Einwohner wie die englische Stadt Blyth in Northumberland, nämlich gut 37000. Dies entspricht einer Bevölkerungsdichte von 0,02 Menschen pro Quadratkilometer.

PERSONEN PRO QUADRATKILOMETER
50,0
10,0
1,0
0,4
SPÄRLICH BESIEDELT
YUKON GEBIET
WHITEHORSE
NORDWEST-TERRITORIEN
YELLOWKNIFE
NUNAVUT
IQALUIT
BRITISH COLUMBIA
ALBERTA
EDMONTON
VICTORIA
SASKATCHEWAN
REGINA
MANITOBA
WINNIPEG
ONTARIO
QUEBEC
NEUFUNDLAND UND LABRADOR
ST. JOHN'S
PRINCE EDWARD ISLAND
CHARLOTTETOWN
FREDERICTON
QUEBEC
HALIFAX
NOVA SCOTIA
NEW BRUNSWICK
OTTAWA
TORONTO
VEREINIGTE STAATEN VON AMERIKA

So findest du Kentucky

Es ist nicht leicht, sich die Namen aller Staaten der USA zu merken, besonders, wenn man nie dort war. Manche Staaten sehen so charakteristisch aus, dass viele Leute sie sich einfach so merken können. Florida und Texas zum Beispiel sind auf dieser Karte nicht besonders hervorgehoben und du wirst sie wahrscheinlich trotzdem schnell finden. Andere Staaten kann man sich leicht merken, weil sie wie bestimmte Dinge aussehen. Michigan sieht zum Beispiel aus wie ein Fausthandschuh, Kalifornien wie eine Socke. Aber wie könntest du dir wohl merken, wo der Staat Kentucky liegt?

Ich verspreche dir: Wenn du einmal auf diese Karte geschaut hast, wirst du Kentucky in Zukunft immer finden können. Denn es ist unmöglich, den amerikanischen Koch nicht mehr zu sehen, wenn du ihn einmal erkannt hast: Minnesota ist die Mütze des Kochs. Iowa ist sein Kopf. Missouri ist die Kochjacke, Arkansas die Hose und Louisiana bildet die Stiefel. Stolz hält der Koch einen Teller (Tennessee), und darauf serviert er uns ein köstliches Stück Kentucky Fried Chicken! Glückwunsch, ab jetzt wirst du Kentucky immer auf einer Landkarte zeigen können.

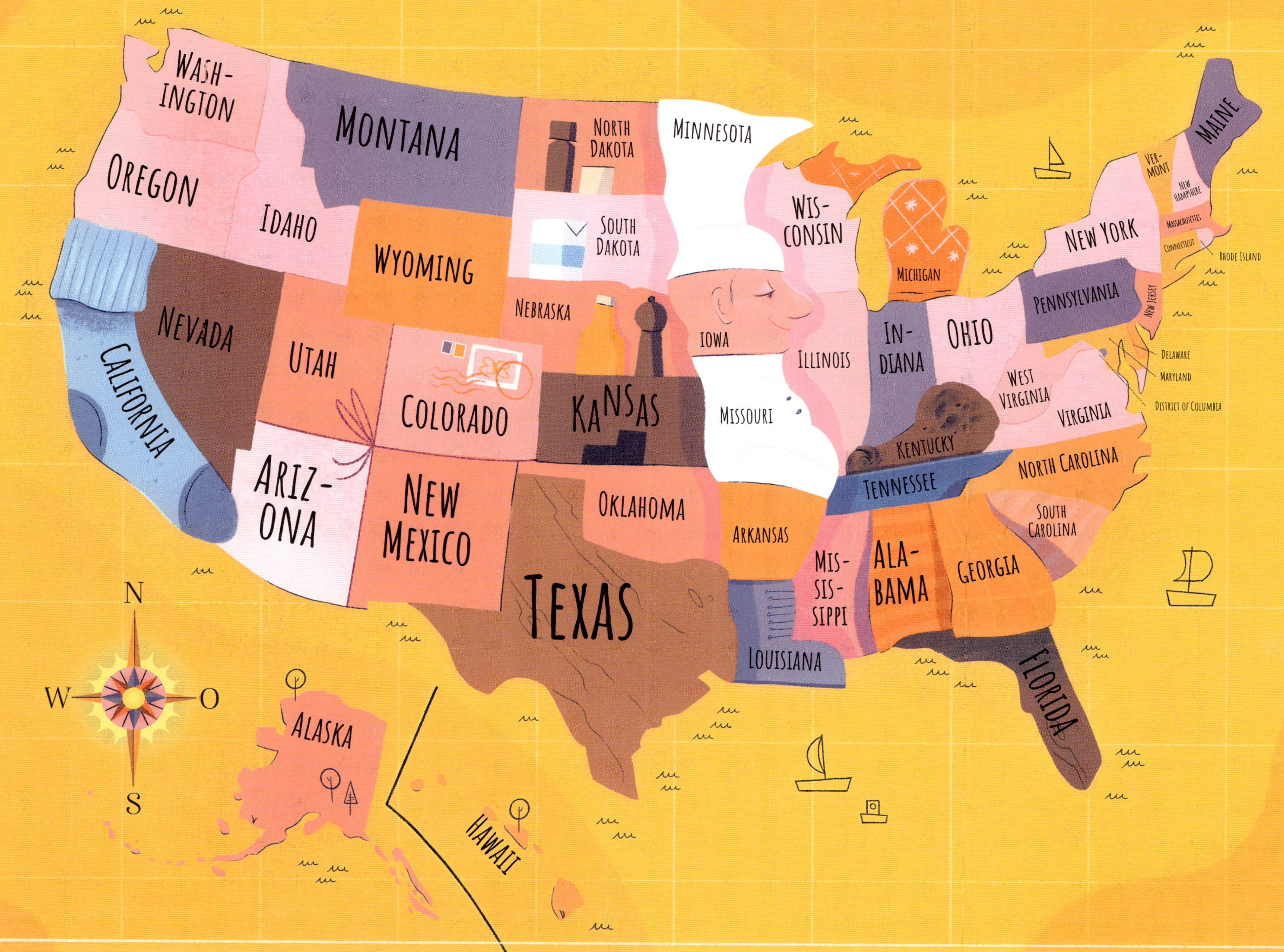
WASH-INGTON
MONTANA
NORTH DAKOTA
MINNESOTA
MAINE
OREGON
IDAHO
SOUTH DAKOTA
WIS-CONSIN
MICHIGAN
VER-MONT
NEW HAMPSHIRE
NEW YORK
MASSACHUSETTS
CONNECTICUT
RHODE ISLAND
WYOMING
NEBRASKA
IOWA
PENNSYLVANIA
NEW JERSEY
NEVADA
CALIFORNIA
UTAH
COLORADO
KANSAS
ILLINOIS
IN-DIANA
OHIO
DELAWARE
MARYLAND
WEST VIRGINIA
VIRGINIA
DISTRICT OF COLUMBIA
MISSOURI
KENTUCKY
TENNESSEE
NORTH CAROLINA
ARIZ-ONA
NEW MEXICO
OKLAHOMA
ARKANSAS
SOUTH CAROLINA
MIS-SIS-SIPPI
ALA-BAMA
GEORGIA
TEXAS
LOUISIANA
FLORIDA
N
W
O
S
ALASKA
HAWAII

Die Reise des Marco Polo

Marco Polo war ein Händler und Abenteurer aus Venedig, der vor etwa 750 Jahren lebte. Marcos Familie hatte lange Zeit mit Kaufleuten aus dem Nahen Osten Handel getrieben und war dabei reich geworden.

Zusammen mit seinem Vater und seinem Onkel machte er sich auf eine lange, abenteuerliche Reise nach Asien. Sie erkundeten Städte an der antiken Seidenstraße, bis sie nach China kamen. Dort trafen sie mit Kublai Khan zusammen, dem Anführer des weitläufigen Mongolischen Reichs. Kublai Khan entsandte Marco auf diplomatische Missionen in sein ganzes Reich und nach Südostasien.

In 17 Jahren auf Reisen kam Marco Polo nach Burma, Indien, Indonesien, Sri Lanka und Vietnam und reiste durch China und die Mongolei. Er sah in dieser langen Zeit vermutlich mehr von Asien als jeder andere Europäer jemals zuvor. Zu der Zeit wussten die Menschen in Europa sehr wenig über Asien. Nach seiner Rückkehr nach Europa schrieb Marco ein Buch über seine Reisen und beschrieb den Europäern darin die geheimnisvolle Kultur der östlichen Welt und wie sie funktionierte. Er berichtete von dem unglaublichen Reichtum und der Größe des Mongolischen Reichs und vom China der Yuan-Dynastie. Auch wenn Marcos Buch voller Ungenauigkeiten und Übertreibungen war, so bot es für viele Europäer doch den ersten Blick in eine unbekannte Welt.

Norwegen
Schweden
Russische Länder
Goldene-Horde-Khanat
Karakorum
Litauen
Polen
Heiliges Römisches Reich
Venedig
Rom
Kastilien
Aragonien
Leon
Portugal
Navarra
England
Wales
Irland
Schottland
Dänemark
Ungarn
Moldawien
Nogai
Serbien
Bulgarien
Byzanz
Kroatien
Bosnien
Slowenien
Kirchenstaat
Sizilien
Die Almohaden
Hafsiden
Banu Sulaim
Mameluken
Beduinen
Rasuliden
Äthiopien
Ifat
Oman
Arabisches Meer
Konstantinopel
Antiochia
Bagdad
Terbil
Ilkhanat
Kaspisches Meer
Kaukasische Länder
Rum
Trapezunt
Samarkand
Balch
Hormus
Tschagatai-Khanat
Ögedei-Khanat
Kaschgar
Yarkant
Dunhuang
Lanzhou
Shangdu
Khanbaliq (Beijing)
Joseon
Chinesisches Reich der Yuan-Dynastie
Yangzhou
Hangzhou
Chengdu
Quanzhou
Kunming
Bagan
Pagan
Sultanat von Delhi
Nepal
Asam
Bengalen
Paramara
Gujarat
Yadava
Ganges
Kakatiya
Hoysala
Pandya
Kozhikode (Kalikut)
Dai Viet
Laos
Khmer
Champa
Süd-chinesisches Meer
Malaysia
Indischer Ozean
Hinreise
Rückreise

Wie wir um die Welt reisen

Wir Menschen sind viel in Bewegung und legen große Entfernungen zurück. Manchmal verlassen Menschen den Ort ihrer Geburt und ziehen in ein anderes Land, manchmal finden sie eine bessere Arbeit in einer anderen Stadt oder einem anderen Land, manchmal ist ihnen das Wetter in einem anderen Land lieber. Viele aber müssen gezwungenermaßen fortgehen, weil ihr eigenes Land nicht mehr sicher ist.

Der häufigste Grund für die Reise von einem Land in ein anderes ist allerdings der Tourismus. Die Menschen möchten einfach schöne Urlaube verbringen und ihnen unbekannte Kulturen erleben. Diese Karte zeigt die meistgenutzten Flugverbindungen zwischen internationalen Flughäfen. Wir könnten fremde Länder zwar auch in Zügen oder auf Schiffen bereisen, doch Flugzeuge sind schnell und ermöglichen es uns, innerhalb ungefähr eines Tages die andere Seite des Planeten zu erreichen. Flugreisen sind zudem häufig günstiger als andere Beförderungsarten. Um den negativen Umwelteinfluss von Flugreisen zu verringern, arbeiten Wissenschaftler an effizienteren Treibstoffquellen.

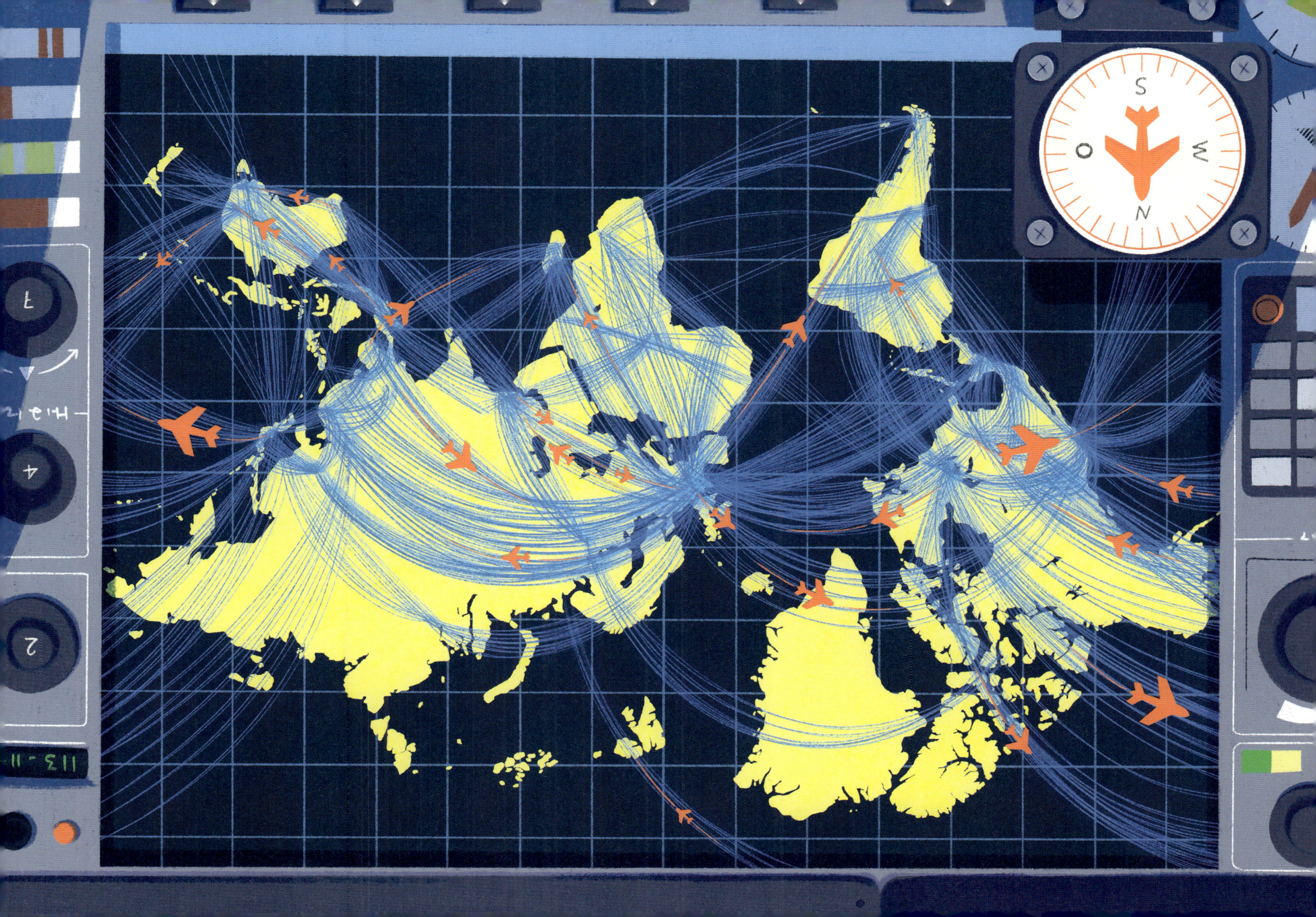
S
O
W
N

Wie unsere Daten um die Welt reisen

Auch wenn es unheimlich aufregend ist, im Flugzeug um die Welt zu reisen und interessante Orte zu besuchen, machen wir das nicht jeden Tag. Während wir also normalerweise nicht ständig unterwegs sind, gilt für unsere Daten das Gegenteil: Sie bewegen sich stetig rund um den Globus. Wenn wir Musik streamen, auf dem Tablet eine Fernsehsendung ansehen, Videotelefonate mit unseren Freunden führen oder in den sozialen Medien etwas posten, senden wir Daten um die Welt.
Diese Daten fliegen nicht durch Zauberei um den Globus. Stattdessen setzen wir für die Übermittlung von Daten auf Unterwasser-Internetkabel. Das sind relativ einfache Kabel mit einem Durchmesser von 25 Millimetern – so groß wie eine 1-Euro-Münze oder ein amerikanisches 25-Cent-Stück. Mit spezialisierten Schiffen werden diese Kabel auf dem Boden des Ozeans verlegt.
Das erste Kabel auf dem Meeresboden war kein Internetkabel. Es war ein Telegrafenkabel und wurde 1850 zwischen England und Frankreich verlegt. 1866 kam das erste transatlantische Telegrafenkabel zwischen den Vereinigten Staaten und England hinzu. Die Telegrafie machte es möglich, einfache Nachrichten elektrisch zu versenden.
Auf der Karte sehen wir deutlich, wie gut die Vereinigten Staaten mit Europa und Asien verbunden sind. Wir sehen auch, dass es gar nicht so viele unterseeische Internetkabel gibt. Und dennoch sind die meisten unserer Daten in diesen Kabeln unterwegs. Das ist erstaunlich, wenn man bedenkt, wie viele Daten jeden Tag auf der ganzen Welt versendet und empfangen werden …

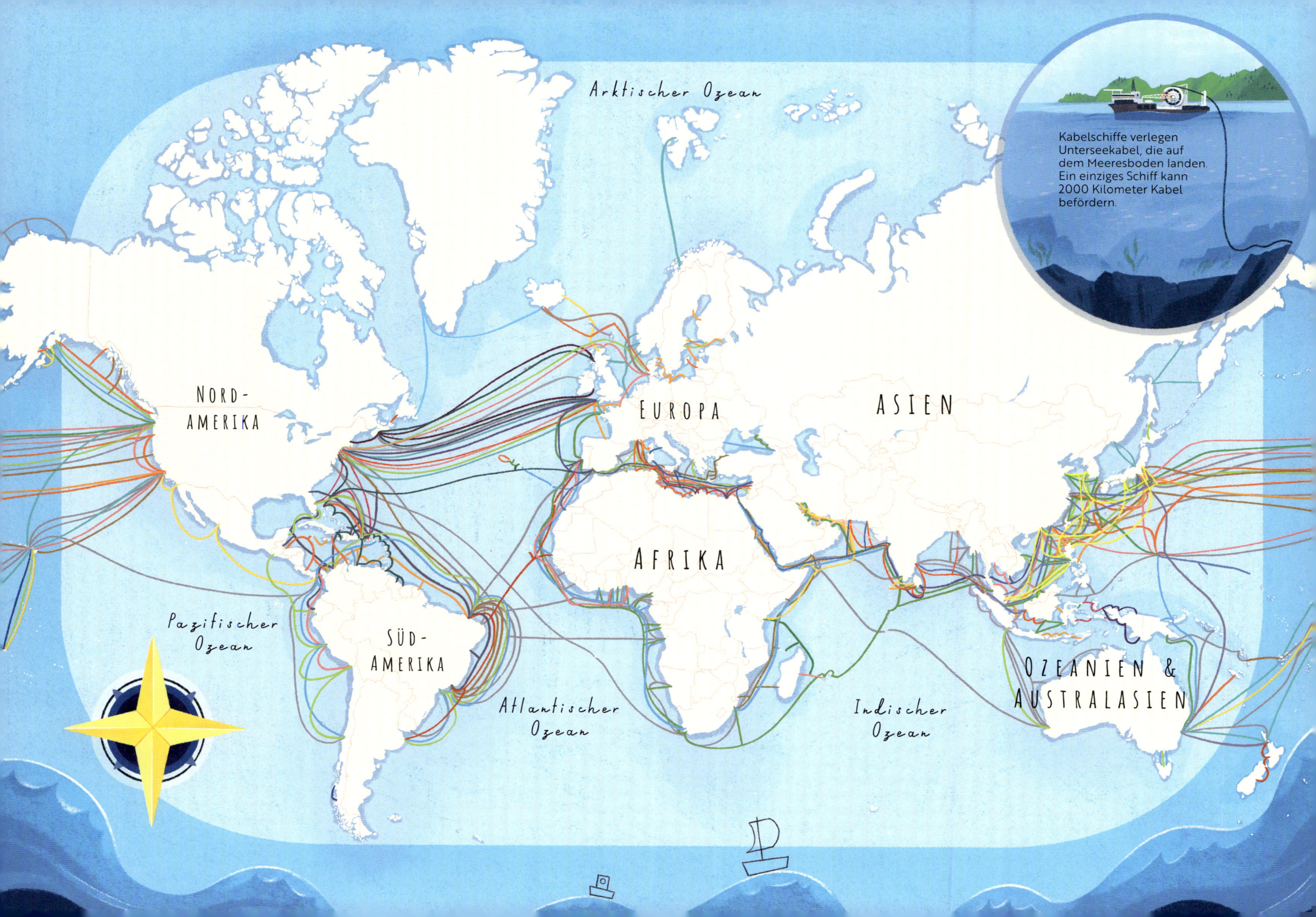

Arktischer Ozean
Kabelschiffe verlegen Unterseekabel, die auf dem Meeresboden landen. Ein einziges Schiff kann 2000 Kilometer Kabel befördern.
NORD-
AMERIKA
EUROPA
ASIEN
AFRIKA
Pazifischer
Ozean
SÜD-
AMERIKA
Atlantischer
Ozean
Indischer
Ozean
OZEANIEN &
AUSTRALASIEN

Alle Länder der Welt passen in den Pazifik

Falls du dir je einen Globus angesehen hast, ist dir vielleicht aufgefallen, wie riesengroß der Pazifische Ozean ist. Der Pazifik erstreckt sich zwischen Asien und Nord- und Südamerika. Er ist der größte Ozean auf diesem Planeten. Er ist so groß, dass alle Landmassen – alle Kontinente und alle Inseln – in ihn hineinpassen würden. Wenn du dir eine Landkarte genau ansiehst, kannst du erkennen, wie viele kleine Inseln im Pazifik liegen. Frühe Pazifik-Seefahrer erschufen »Stabkarten«, um den weiten Pazifischen Ozean zu erfassen. Diese Karten bestanden aus Stäben, Kokosfasern und Muscheln. Die Anordnung der Schnüre und Muscheln stellte die Positionen der Inseln, Wellen und Strömungen dar. Die meisten Seeleute lernten die Karten auswendig, bevor sie in See stachen. So hatten sie genügend Informationen, um Tausende von Kilometer weit in winzigen Booten zu navigieren und von einer Insel zur nächsten zu fahren. Diese Seeleute waren unglaublich geschickt. Sie konnten die Strömungen lesen, indem sie sich in ihre Boote legten und »lasen«, wohin die Strömungen sie zogen. Stell dir vor, wie es wäre, ein Gebiet zu durchqueren, das so groß ist wie alle Landmassen der Welt zusammen!

Nordamerika
Europa
Afrika
Antarktis
Südamerika
Asien
Grönland
Australien
N
W
O
S

Bist du näher an London oder näher an Paris?

Die Hauptstädte von Großbritannien und Frankreich, London und Paris, sind nur etwa 340 Kilometer voneinander entfernt. In nur einem Stündchen im Flugzeug oder zwei Stunden im Zug gelangst du von der einen in die andere Hauptstadt. Hast du dich je gefragt, ob du gerade näher an London oder näher an Paris bist? Das hast du mit ziemlicher Sicherheit nicht. Trotzdem beantwortet dir diese Karte die Frage. Ganz Nord- und Mittelamerika liegt näher an London. Der größte Teil Südamerikas auch. Die einzigen südamerikanischen Länder, die vollständig im rot-weißen Bereich (näher an Paris) liegen, sind Argentinien, Paraguay und Uruguay. Der größte Teil Europas (Großbritannien, Dänemark und Skandinavien), ganz Afrika, der Nahe Osten, Indien und der Großteil Südostasiens sind ebenfalls näher an Paris. China liegt teilweise näher an London, teilweise näher an Paris, wobei die Trennlinie der beiden Bereiche durch das dicht bevölkerte Perlflussdelta verläuft. Die einzige große australische Stadt, die es in den blauen Bereich (näher an London) schafft, ist Brisbane, während Neuseeland fast komplett darin liegt.

Näher an London
Näher an Paris
LONDON
PARIS

Zeitzonen, so viele Zeitzonen

Wie spät ist es? Nicht schummeln – nicht auf die Uhr schauen! Ganz schön schwierig einzuschätzen, oder? War es nicht so, dass am Mittag die Sonne an der höchsten Stelle am Himmel steht? Nicht unbedingt, denn dies beschreibt nur die Sonnenzeit, die man mit einer Sonnenuhr beobachten kann.

Die örtliche Zeit, die für uns wichtig ist, weil sie uns sagt, wann unser Zug fährt, das Fußballspiel angepfiffen wird oder wann unsere sehr pünktliche Freundin eintrifft, hängt davon ab, auf welchem Längengrad wir uns befinden und welches Datum wir gerade haben.

Zeitzonen wurden im Jahr 1884 eingeführt, um folgendes Problem zu lösen: Die Sonnenzeit verändert sich leicht, sobald wir uns auch nur ein kleines bisschen nach Osten oder Westen bewegen. Die Zeitzonen wurden eingeteilt, indem 24 Linien von einem Pol zum anderen gezogen wurden. Diese Linien haben allerdings nicht die Form einfacher gerader Striche. Manche Länder wollten sicherstellen, dass alle Teile des Landes sich nach derselben Zeitzone richteten. Aus diesem Grund sind Indien, China und Argentinien leicht zu erkennen.

Versuch mal, dich auf dieser Karte zurechtzufinden, die ausschließlich die Zeitzonen der Welt darstellt. Kannst du Alaska, Australien und dein Heimatland finden? Es ist sehr schwierig, ohne weitere Informationen mit dieser Karte zu arbeiten. Aber schön ist sie!

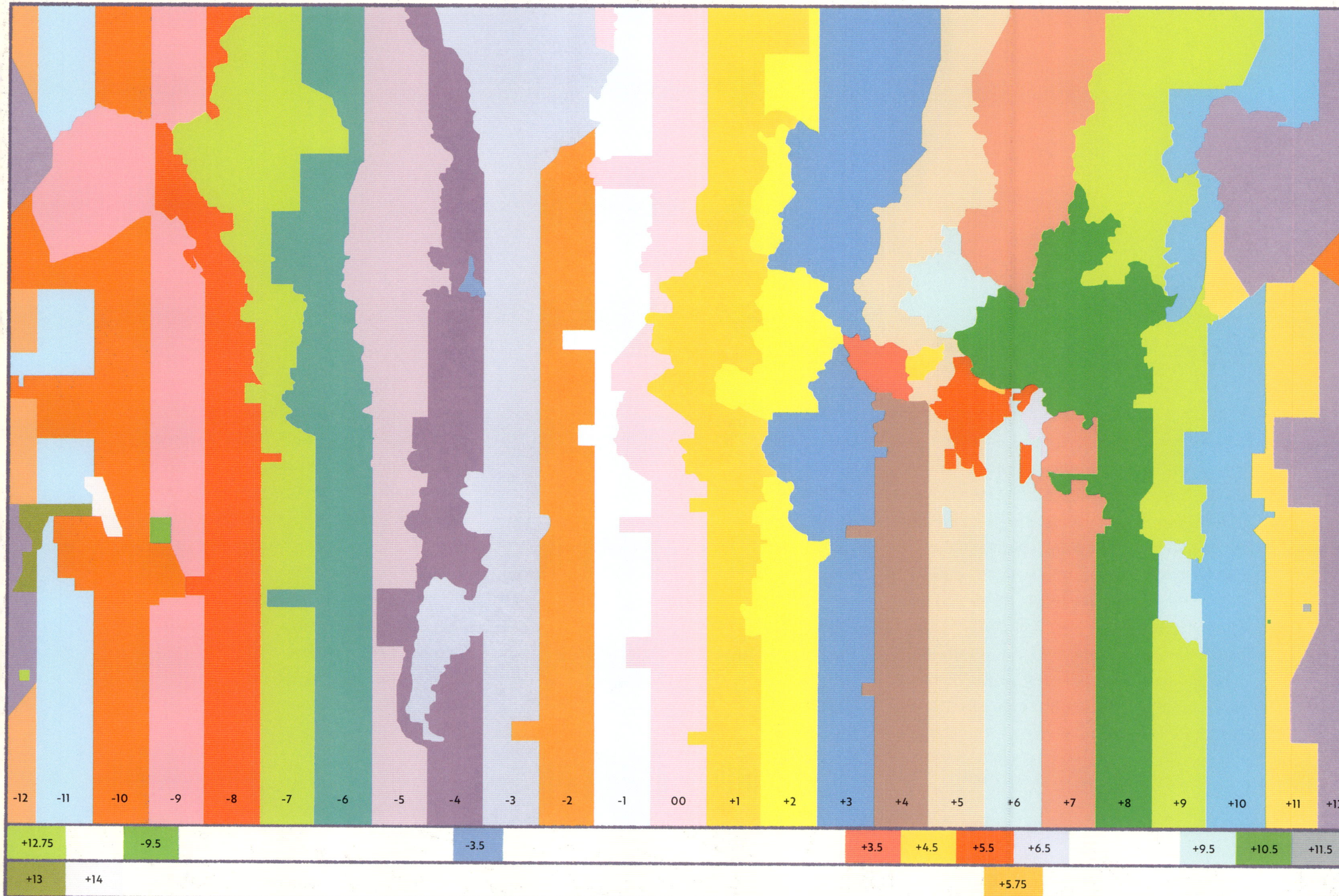

-12
-11
-10
-9
-8
-7
-6
-5
-4
-3
-2
-1
00
+1
+2
+3
+4
+5
+6
+7
+8
+9
+10
+11
+12
+12.75
-9.5
-3.5
+3.5
+4.5
+5.5
+6.5
+9.5
+10.5
+11.5
+13
+14
+5.75

Von Heute nach Morgen fliegen

Ein Flug in einer geraden Linie kann seltsame Folgen haben, wie die hier eingezeichnete Route von Hawaii zur Antarktis zeigt. Wenn du diese Linie entlangfliegst, überquerst du die Datumsgrenze sage und schreibe sieben Mal. Heute wird morgen, dann wieder heute und noch einmal morgen und wieder heute und nochmals morgen, wiederum heute und dann endgültig morgen!

Zu dieser wundersamen Zeitreise kommt es, weil die kleinen Inseln und Atolle im Pazifik zu verschiedenen Ländern gehören. Die ungewöhnliche, eckige Form in der Datumsgrenze, die du auf der Karte siehst, entsteht wegen der Republik Kiribati. Diese winzige Nation mit nur 120 000 Einwohnern hat unterm Strich eine Landfläche von lediglich 811 Quadratkilometern, doch sie erstreckt sich über eine enorme Weite: 2051 Kilometer von der nördlichsten bis zur südlichsten Insel und insgesamt 4567 Kilometer von Ost nach West.

Dadurch hat dieser Staat eine Fläche von 5,3 Millionen Quadratkilometern und ist damit halb so groß wie die USA. Zudem verläuft Kiribati sowohl über den Äquator als auch über den 180. Meridian (Längenkreis). Damit ist es das einzige Land, das zugleich in der nördlichen und südlichen sowie in der westlichen und östlichen Hemisphäre liegt.

Ursprünglich teilte sich Kiribati in beide Seiten der Datumsgrenze auf und hatte so zwei verschiedene Daten gleichzeitig. Irgendwann wurde dies für die Wirtschaft des Landes zu kompliziert. Daher vereinheitlichte Kiribati am 1. Januar 1995 das Datum für das ganze Land. Seitdem befindet es sich – wie Australien – westlich der Datumsgrenze.

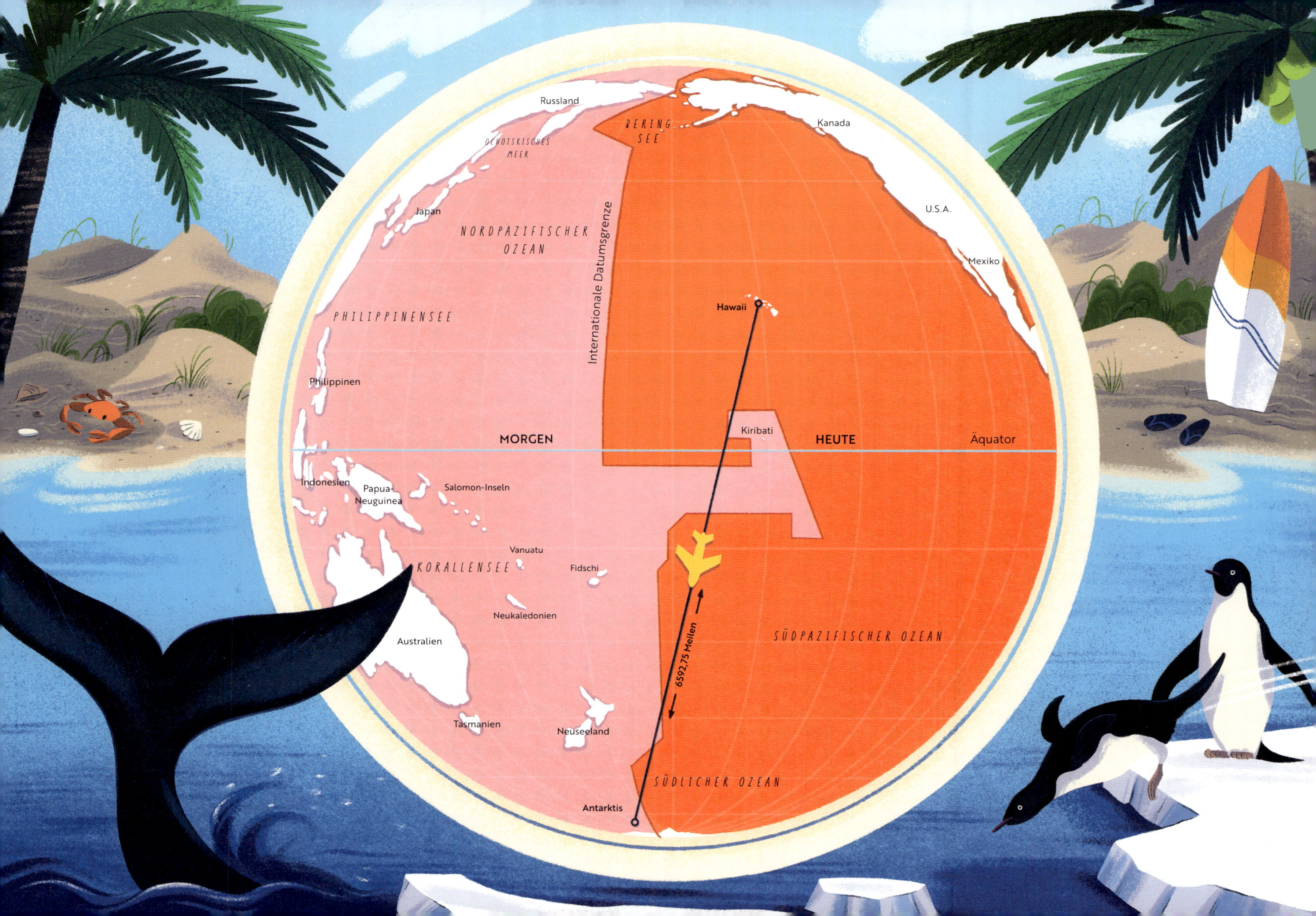
Russland
BERING SEE
Kanada
OCHOTSKISCHES MEER
Japan
NORDPAZIFISCHER OZEAN
Internationale Datumsgrenze
U.S.A.
Mexiko
Hawaii
PHILIPPINENSEE
Philippinen
Kiribati
MORGEN
HEUTE
Äquator
Indonesien
Papua-Neuguinea
Salomon-Inseln
Vanuatu
KORALLENSEE
Fidschi
Neukaledonien
Australien
SÜDPAZIFISCHER OZEAN
6592,75 Meilen
Tasmanien
Neuseeland
SÜDLICHER OZEAN
Antarktis

Eine Weltkarte, wie sie ein Delfin zeichnen würde

Wir teilen uns den Planeten mit vielen anderen Lebewesen und sind bei Weitem nicht die einzigen intelligenten Bewohner dieser Welt. Wir sind jedoch die einzige Art, die Landkarten erstellt. Das inspirierte den niederländischen Künstler Frans Blok dazu, eine Karte zu entwerfen, die die Welt so zeigt, wie ein delfinischer Kartograf sie vielleicht darstellen würde. Und das wiederum war die Anregung für unsere Delfinkarte.

Delfine gelten als ausgesprochen clever. Wenn irgendein Meeresbewohner Karten erstellen könnte, so wäre es der Delfin. Die meisten Delfine leben im Pazifik, deswegen bildet er den Mittelpunkt der Karte. Sie zeigt außerdem die exakten Tiefen des Ozeans. Die Meerestiefe ist für Delfine natürlich von entscheidender Bedeutung. Die Karte steht auf dem Kopf, da Delfine die Wasseroberfläche – die sie zum Atmen aufsuchen müssen – von unten betrachten.

Anders als von Menschen gestaltete Karten weist die Delfinkarte viele weiße Flecken auf. Die Landmassen bleiben für diese Meeresbewohner *Terra incognita* – unbekanntes Land. Warum sollte ein Delfin an Land gehen wollen? Vielleicht, um einen Copy-Shop zu suchen und dort einen Abzug von dieser Delfin-Weltkarte zu bekommen? Bleibt zu hoffen, dass Delfinkarten wenigstens in Küstennähe verkauft würden …

S
O
M
N

Sommersonnenwende im Norden

Diese Karte zeigt, wie viele Stunden Tageslicht es in den Regionen in der nördlichen Hemisphäre mitten im Sommer gibt. Die Stadt Anchorage in Alaska, USA, hat ungefähr 19,5 Stunden Sonnenlicht, Honolulu in Hawaii jedoch nur 13,5 Stunden, weil es so nahe am Äquator liegt. In Europa bekommt Madrid 15 Stunden Tageslicht, Paris 1 Stunde mehr und Berlin sogar 17 Stunden.

Der längste Tag des Jahres liegt in der Mitte des Sommers und heißt Sommersonnenwende oder Mittsommer. In der nördlichen Hemisphäre ist dies zwischen dem 20. und dem 22. Juni.

Warum werden die Tage im Sommer länger? Die Rotationsachse der Erde steht ein bisschen schief (ungefähr 23,5 Grad). Während die Erde sich um die Sonne bewegt, dreht sie sich stetig um ihre eigene Achse. Wenn der Nordpol in Richtung Sonne geneigt ist, bekommen die Menschen in der nördlichen Hemisphäre mehr Sonnenlicht, als wenn er der Sonne abgeneigt ist. Wenn sich die Erde in Richtung Sonne neigt, so heißt das: Es ist Sommer. Neigt sie sich von ihr weg, ist es Winter.

NORDPAZIFISCHER OZEAN
RUSSLAND
KASACHSTAN
IRAN
IRAK
SAUDI-ARABIEN
SYRIEN
TÜRKEI
UKRAINE
ARKTISCHER OZEAN
GRÖNLAND
KANADA
USA
MEXIKO
ÄGYPTEN
LIBYEN
NIGER
ALGERIEN
MALI
MAURETANIEN
GUINEA
POLEN
RUMÄNIEN
ITALIEN
SPANIEN
FRANKREICH
GERMANY
TUNESIEN
MAROKKO
WESTSAHARA
SENEGAL
ELFENBEINKÜSTE
GHANA
BURKINA FASO
BENIN
TOGO
NIGERIA
KUBA
HAITI
DOMINIKANISCHE REPUBLIK
GUATEMALA
BELIZE
EL SALVADOR
HONDURAS
NICARAGUA
COSTA RICA
PANAMA
24.0
20.0
19.0
18.0
17.0
16.0
15.5
15.0
14.5
NORDATLANTISCHER OZEAN
14.0
Tageslicht-Stunden bei Sommer-
sonnenwende
13.5

Global Player: Peperoni-Pizza

Nichts ist italienischer als eine gute Pizza. Aber wie italienisch ist die Pizza mit Peperoniwurst? Der Weizen, den wir für den Pizzateig zu Mehl mahlen müssen, stammt ursprünglich aus dem Tal der Flüsse Tigris und Euphrat, der sogenannten »Wiege der Zivilisation«, im heutigen Irak. Basilikum und Pfeffer für die Würze unserer Pizza haben ihren Ursprung in Indien.

Die wichtigsten Zutaten für die Pizzasoße kommen aus Südamerika und Zentralasien. 1548 hatten Italiener zum ersten Mal Zugang zu Tomaten, denn um diese Zeit wurden sie von Entdeckungsreisen nach Südamerika in die Heimat mitgebracht. In die Pizzasoße gehört eine großzügige Portion Knoblauch und der kommt aus Zentralasien, aus der Gegend der heutigen Länder Kirgisistan, Tadschikistan, Turkmenistan und Usbekistan.

Die Peperoniwurst, die wir auf unsere Pizza legen, wurde um 1919 in New York entwickelt und erst in den 1950er Jahren im großen Stil verwendet, als die Gasöfen populär wurden. Wenigstens die Peperoniwurst wurde von italienischen Einwanderern entwickelt!

Das Olivenöl in der Soße stammt aus irgendeinem Teil des Mittelmeerraums. Wir wissen nicht genau, wo Oliven ihren Ursprung haben, doch es war sehr nahe bei Italien.

Die italienischste Zutat auf unserer Pizza ist der Mozzarella. Er wurde als erstes in der Nähe der Stadt Neapel aus der reichhaltigen Milch von Wasserbüffeln zubereitet.

Erstaunlich, oder? Die einfache Pizza mit Peperoniwurst wäre ohne die Zusammenarbeit von Menschen aus der ganzen Welt und über Jahrtausende hinweg nie entstanden.

PEPERONIWURST
NEW YORK, USA
MOZZARELLA
SÜDITALIEN
OLIVENÖL
MITTELMEERRAUM
WEIZEN
NAHER OSTEN
TOMATEN
SÜD- UND MITTELAMERIKA
BASILIKUM
INDIEN
N
W
O
S

Eine solarbetriebene Welt

Diese Karte zeigt ungefähr das Gebiet, das man brauchen würde, um die Welt ausschließlich über Solarpaneele mit Energie zu versorgen.

Natürlich soll mit dieser Darstellung nicht empfohlen werden, buchstäblich mitten in der Wüste ein einziges großes Gebiet voller Solarpaneele aufzubauen! Wenn nur eine Anlage Elektrizität für die ganze Welt liefern müsste, würden wir auf den Transportwegen sehr viel Energie verlieren. Außerdem wäre die Gefahr, dass diese einzige Stromerzeugungsanlage fehlerhaft arbeitet oder zerstört wird, zu groß.

Stattdessen soll uns die Karte vor Augen führen, wie wenig Fläche man mit den heutigen technischen Möglichkeiten benötigt, um saubere und erneuerbare Elektrizität zu erzeugen. Die Asien-Pazifik-Region benötigt die meiste Energie, aber für Gegenden wie Afrika, die aktuell weniger Energie verbrauchen, sind weniger Paneele nötig.

Die Solartechnik wurde in den letzten zwei Jahrzehnten erheblich verbessert und ist mittlerweile billiger in der Anwendung als fossile Treibstoffe. Vielleicht besteht also Hoffnung auf saubere, erneuerbare Energie für uns alle in der zukünftigen Welt.

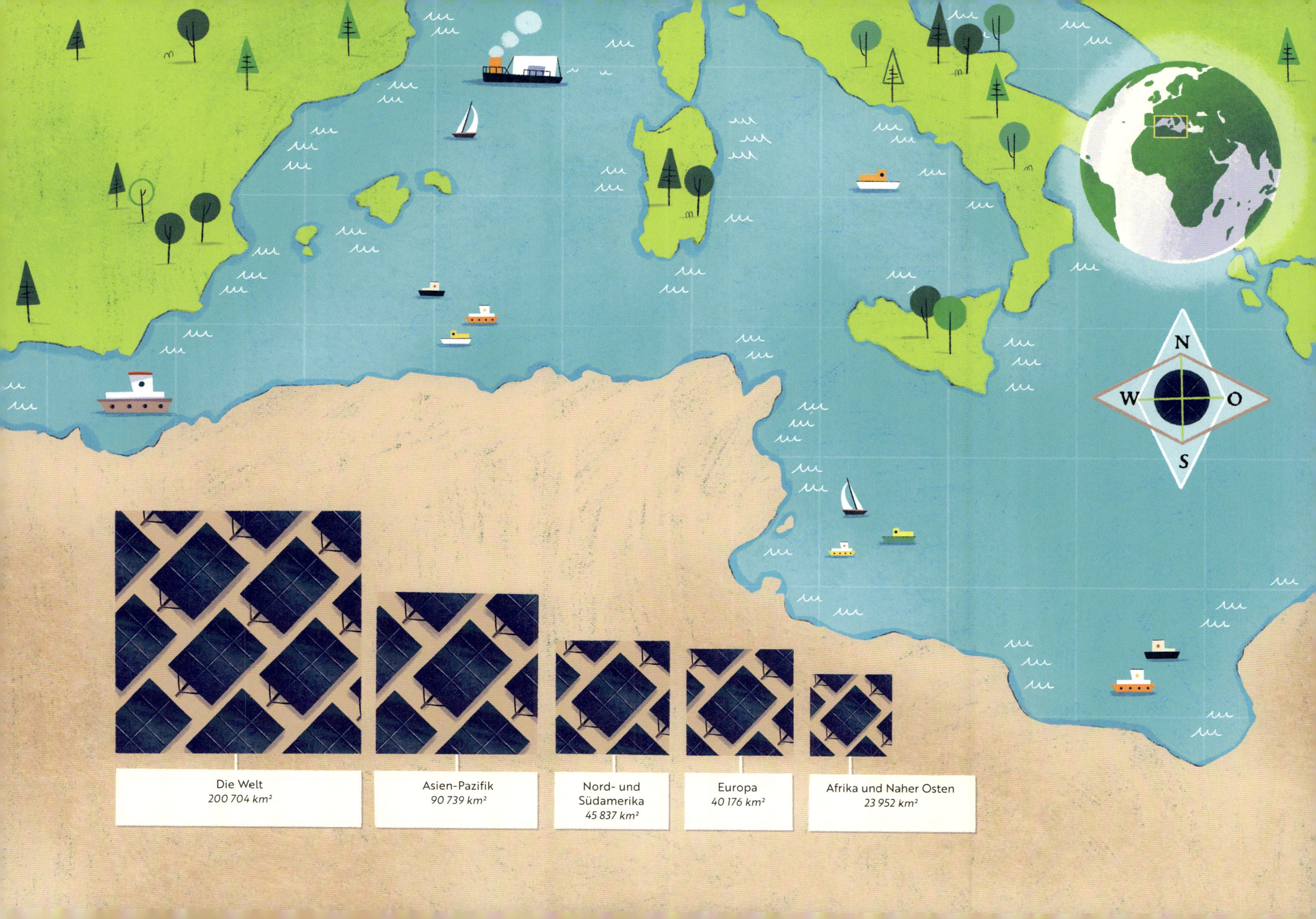
N
W
O
S
Die Welt
200 704 km²
Asien-Pazifik
90 739 km²
Nord- und
Südamerika
45 837 km²
Europa
40 176 km²
Afrika und Naher Osten
23 952 km²

Die Wege der Zugvögel

Viele Vögel können eiskalten Temperaturen trotzen, solange es genügend Insekten gibt, die sie verspeisen können. Wenn die Insekten im Winter sterben, ziehen viele Vögel, die in der nördlichen Hemisphäre nisten, Richtung Süden, wo es wärmer ist und Nahrung in Form von Insekten zur Verfügung steht.
Vögel ziehen auf der Landkarte »nach oben und unten«, denn auf demselben Breitengrad (also auf derselben Höhe von Westen nach Osten) sind die Temperaturen nicht so unterschiedlich wie auf demselben Längengrad (von Norden nach Süden).
Diese Karte stellt die häufigsten Vogelzugrouten dar. Viele verschiedene Vögel nutzen diese Routen. Nicht alle Vögel legen unbedingt die ganze Entfernung zurück, die die Pfeile hier anzeigen.

Von den hier dargestellten Vögeln beeindruckt uns der Annakolibri vermutlich am meisten. Er ist nur so groß wie eine Spielkarte (und wiegt nicht mehr als drei Spielkarten), und trotzdem überwindet er weite Entfernungen entlang der Pazifikküste Nord- und Südamerikas.

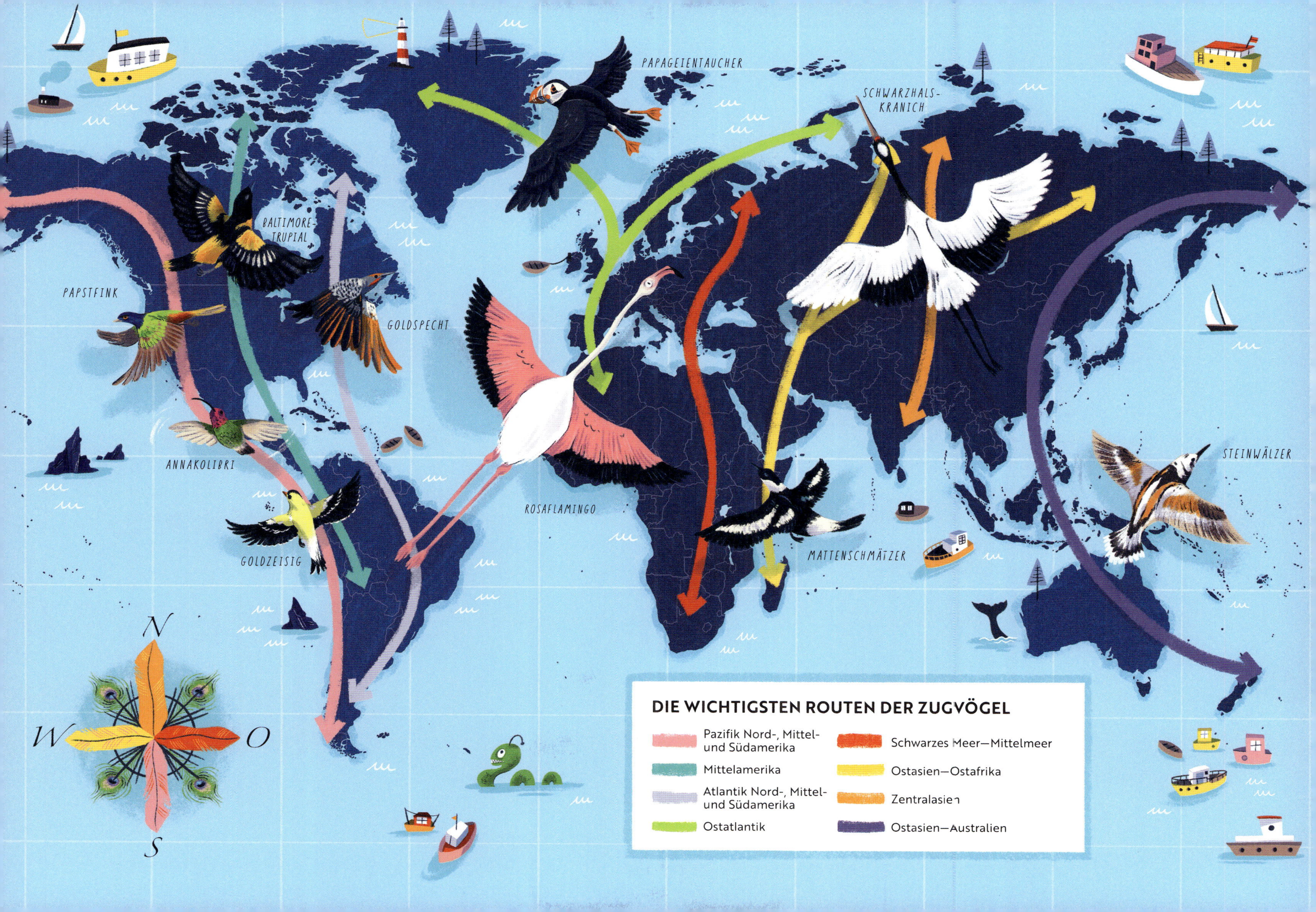
PAPAGEIENTAUCHER
SCHWARZHALS-KRANICH
BALTIMORE-TRUPIAL
PAPSTFINK
GOLDSPECHT
ANNAKOLIBRI
ROSAFLAMINGO
STEINWÄLZER
GOLDZEISIG
MATTENSCHMÄTZER
N
W
O
S
DIE WICHTIGSTEN ROUTEN DER ZUGVÖGEL
Pazifik Nord-, Mittel- und Südamerika
Mittelamerika
Atlantik Nord-, Mittel- und Südamerika
Ostatlantik
Schwarzes Meer—Mittelmeer
Ostasien—Ostafrika
Zentralasien
Ostasien—Australien

So schnarcht die Welt

Schnarchen kann ziemlich nerven. Wenn du je das Zimmer mit jemandem geteilt hast, der laut schnarcht, weißt du Bescheid! Die Menschen schnarchen überall auf der Welt und vermutlich machen sie dabei immer dieselben Geräusche. Versuch mal, das Schnarchgeräusch nachzumachen. Wie klingt es? Egal, wie deine Schnarchversion klingt, wahrscheinlich lässt sie sich schwer aufschreiben.

Wir müssen aber nun mal einen Weg finden, den Klang des Schnarchens in Worte zu fassen. Schließlich brauchen Comic-Zeichner etwas, das sie neben eine schlafende Figur schreiben können. Auf dieser Karte sehen wir, wie das Schnarchgeräusch in verschiedenen Sprachen der Welt in Buchstaben ausgedrückt wird. Du kannst erkennen, dass manche Sprachen unterschiedliche Geräusche für das Einatmen und das Ausatmen beim Schnarchen haben, während andere für beide Phasen des Atemzyklus dasselbe Geräusch verwenden. Die persische Buchstabierweise bringt sogar den Übergang zwischen dem Ein- und Ausatmen zum Ausdruck – welch eine Liebe zum Detail!

Ron Pchi
Französisch
Zzzzzz
Englisch
Snork
Dänisch
Snark
Schwedisch
Khrrr
Russisch
Chrr-pfüüh!
Deutsch
Snurk
Niederländisch
Gu Gu
Japanisch
Ronf
Italienisch
Hrr pityipü
Ungarisch
Qorr-qorr
Kasachisch
Xor-o-pof
Persisch
Hū lu
Mandarin
Zzzzzz
Portugiesisch
Zzzzzz
Spanisch
Snork
Afrikaans
Korrr
Batakssprachen
Grooookkk
Indonesisch

Die schwarze Murmel

1972 machten Astronauten ein berühmtes Foto unseres Planeten, welches den Spitznamen »Die blaue Murmel« bekam. Es zeigte die Erde während der Tagstunden und die Ozeane erschienen darauf in einem lebendigen Blau.

Als die NASA begann, Satellitenbilder, die nachts aufgenommen wurden, als Collage zu einer einzigen digitalen Ansicht der Welt zusammenzusetzen, nannten sie das Ergebnis »Die schwarze Murmel«.

In der Nacht erstrahlen Bevölkerungszentren in Gelb, Landmassen erscheinen dunkelblau und die Ozeane schimmern in funkelndem Schwarz. Nicht alle Orte sind hell genug erleuchtet, um auf diesem Bild sichtbar zu sein. Daher stellt es die Bevölkerungsdichte nicht perfekt dar. Wir können aber sagen, in welchen Gebieten die Menschen es sich leisten können, die Nacht zu erhellen.

Dieser Kontrast zwischen Reich und Arm ist auf der Halbinsel Korea sehr klar zu sehen. Das wohlhabende Südkorea leuchtet strahlend gelb, während die rund 26 Millionen Menschen, die im ärmeren Nordkorea leben, ihre Nächte in Dunkelheit verbringen.

Über den Autor

Simon Küstenmacher ist in Deutschland geboren und lebt heute in Melbourne in Australien. Als ausgebildeter Geograf hat er eine natürliche Begeisterung für Landkarten. Während seiner Arbeit als Demograf ist Simon oft auf interessante Karten gestoßen und wollte befreundete Landkartenliebhaber einfach teilhaben lassen. Er begann, sie auf seinem Twitter-Account zu teilen. Bis heute werden Simons Landkarten-Posts in den sozialen Medien jeden Monat von über 30 Millionen Menschen angesehen. Du hast gerade sein drittes (und liebstes) Buch über Landkarten zu Ende gelesen. Folge Simon für deine tägliche Portion Landkarten und Schaubilder über deinen bevorzugten Social-Media-Kanal.

Über die Illustratorin

Margarida Esteves lebt und arbeitet in London. Sie arbeitet zwar sehr gerne digital, aber Stifte und Kreide sind ihre absoluten Lieblingswerkzeuge. Sie hat immer ihr Skizzenbuch dabei, um neue Ideen hineinzukritzeln.

Margarida lässt sich gerne von Menschen, Filmen, Fotografien, alten Illustrationen und der Geschichte inspirieren. Wenn sie nicht arbeitet oder in ihr Skizzenbuch zeichnet, entwickelt sie gern kleine persönliche Projekte, die normalerweise mit Drucken, Sticken, Lego und Miniaturmodellen zu tun haben.

Außerdem sammelt sie Kinderbücher und interessant illustrierte Verpackungen.

Glossar

Antipode Eine Stelle auf der gegenüberliegenden Seite der Erde.

Astronom Eine Person, die Planeten, Sterne und andere Objekte im Weltraum untersucht.

Atoll Eine ringförmige Gruppe von Koralleninseln, die eine Lagune umgibt.

Äquator Die gedachte kreisförmige Linie um die Mitte der Erde auf halber Strecke zwischen Nord- und Südpol.

Damm Bau über einen Fluss oder ein Gewässer, der das Wasser zurückhält.

Demograf Eine Person, die die Bevölkerungen der Menschen untersucht, um Veränderungen und Entwicklungen innerhalb von Gemeinschaften und Gesellschaften zu verstehen. Ein Demograf betrachtet beispielsweise die Größe einer Population, Verteilung, Dichte, Altersstruktur und Anzahl von Geburten und Sterbefällen.

Demografie Statistische Untersuchung der Entwicklung von Bevölkerungen.

Erneuerbare Energie Energie, die nicht aufgebraucht werden kann und die nachhaltig ist.

Felsengesicht Eine Felsformation, die von Wind und Wetter geschaffen wurde und Ähnlichkeit mit einem menschlichen Gesicht hat

Flussmündung Gebiet, in dem Süßwasser aus einem Fluss oder einem Strom auf den Ozean trifft.

Fjord Ein langes, schmales und von einem Gletscher geschaffenes Gewässer zwischen steilen Klippen.

Fossile Brennstoffe Brennstoffe wie Kohle, Petroleum, Erdöl und Erdgas, die sich über einen langen Zeitraum aus Überresten von Lebewesen gebildet haben.

Geysir Eine heiße Quelle, die ausbricht und Wasserstrahlen und Dampf in die Luft ausstößt.

Gletscher Eine sich langsam bewegende, riesige Masse aus Schnee, die im Laufe von vielen Jahrhunderten zu Eis verdichtet wurde. Während sie sich über das Land schiebt, schneidet sie Täler hinein.

Geografische Breite Entfernungsmaß nördlich oder südlich des Äquators. Sie wird mit 180 gedachten Linien um die Erde gemessen, den Breitengraden, die von Ost nach West sowie parallel zum Äquator verlaufen.

Geografische Länge Entfernungsmaß rund um den Globus östlich oder westlich des Nullmeridians. Dieser ist eine gedachte Linie, die vom Nordpol zum Südpol und durch den Ort Greenwich in England verläuft.

Habitat Die Umgebung oder der Lebensraum eines Tieres oder einer Pflanze.

Halbinsel Ein Stück Land, das auf einer Seite mit dem Festland verbunden und fast komplett von Wasser umgeben ist.

Hemisphäre Eine Halbkugel. Der Äquator unterteilt die Erde in die nördliche und die südliche Hemisphäre.

Humanitär Anderen helfen und das Wohl anderer Menschen fördern, frei von Diskriminierung.

Isthmus Ein schmaler Streifen Land, der zwei größere Landmassen verbindet und zwei Gewässer voneinander trennt (zum Beispiel eine Lagune vom Meer).

Isochrone Eine Linie auf einer Karte oder in einer Grafik. Sie verbindet die Orte (nach Zeit, nicht nach Entfernung), von denen aus man in derselben Zeit einen bestimmten Punkt erreichen kann.

Kartograf Eine Person, die Landkarten erstellt oder zeichnet.

Kartografie Das Studium von Landkarten oder das Erstellen und Zeichnen von Landkarten.

Klimawandel Jede bedeutsame langfristige Veränderung der typischen Wetterbedingungen einer Region oder der ganzen Erde. Bezieht sich häufig auf die globale Erwärmung unserer Zeit.

Kontinent Eine der sieben ausgedehnten Landmassen auf der Oberfläche der Erde. Die sieben Kontinente sind: Asien, Afrika, Nordamerika, Südamerika, Antarktis, Europa und Australasien.

Kontinentalplatten Die gebrochenen Felsstücke der äußeren Erdoberfläche (Kruste), auf denen die Kontinente liegen.

Kontinentaler Pol der Unzugänglichkeit Punkt auf dem Land (auf einem Kontinent), der am weitesten vom Ozean entfernt ist.

Lagune Ein stilles Meerwasser-Gebiet, das durch einen Landstreifen oder eine Sandbank vom Meer abgetrennt ist.

Landumschlossen Fast oder ganz von Land umgeben.

Meridian Eine gedachte Linie, die über die Erdoberfläche vom Nordpol zum Südpol verläuft. Meridiane werden auf Karten eingezeichnet, damit die Lage eines Ortes besser erkennbar ist.

Tafelberg Ein Hügel oder ein Berg, der oben flach ist und steile Seiten hat. »Tafel« ist hier im Sinne von »großer Tisch« gemeint.

Migration Sich von einem Ort zum anderen begeben. Es bezeichnet unter anderem die jahreszeitlich bedingten Ortswechsel von Tieren.

NASA National Aeronautics and Space Administration: Behörde der US-Regierung für Raumfahrt und Flugwissenschaft. Sie wurde 1958 gegründet und ist für Wissenschaft und Technik im Zusammenhang mit Weltraum und Luftraum zuständig.

Nachhaltig Etwas, das so gemacht wurde, dass es der Umwelt wenig oder gar nicht schadet und das deswegen lange fortgeführt werden kann.

Nomadisch Viel unterwegs sein. Ein Nomade ist ein Mensch, der von einem Ort zum andern zieht, um Nahrung und Weideland für die Tiere zu finden.

Solar In Bezug zur Sonne stehend oder von der Sonne verursacht.

Steilufer Eine breite, gerundete Klippe, die an ein Küstengebiet, einen Strand oder einen Fluss grenzt.

Strömungen Die ununterbrochene Bewegung des Wassers.

Telegrafie System, um per Kabel Nachrichten aus der Ferne zu übermitteln.

Terra incognita Unbekanntes Gelände; Ort, Situation oder Gegenstand, der bzw. die einem nicht vertraut ist.

Orbit Die Umlaufbahn, die ein Objekt beständig um einen Stern oder einen Planeten zieht.

Pareidolie Ein Muster oder eine Bedeutung wahrzunehmen, wo es sie gar nicht gibt, zum Beispiel in einer Wolken- oder Felsformation.

Point Nemo Auch: Pol der Unzugänglichkeit: Der am weitesten von Land entfernte Ort im Ozean.

Wildlebend Wild, nicht gezähmt.

Zwergplanet Ein kugelförmiges, planetenartiges Weltraumobjekt, das kleiner ist als ein Planet und nicht groß genug, um seine Bahn von Weltraumobjekten in seiner Umgebung zu bereinigen.

Über die Karten

Die Welt ist eine Katze, die mit Australien spielt Die Karte basiert auf einem beliebten Online-Meme. Die Herkunft ist unklar, aber wen stört das, wenn es witzig ist!

Pangäa – Als die Welt eine war Die Originalversion dieser Karte schuf der Hobby-Kartograf Massimo Pietrobon im Jahr 2012.

Point Nemo: Kein Land in Sicht Die Karte basiert auf dem Wikipedia-Artikel »Pol der Unzugänglichkeit«.

Der am weitesten vom Ozean entfernte Punkt Wie die Karte zum Point Nemo basiert auch diese Karte auf dem Wikipedia-Artikel über den »Pol der Unzugänglichkeit«.

Wer bringt die Weihnachtsgeschenke? Die ursprüngliche Idee zu dieser Karte kommt von Jakub Marian, der für seinen Blogartikel im Jahr 2016 eine Version dieser Karte schuf.

Wo kann ich mich bis zu einem anderen Land durchgraben? Die Karte basiert auf dem Wikipedia-Artikel über »Antipoden«.

Hunde der Welt Zu dieser Karte hat eine wunderschöne Karte von E. Frantz aus dem Jahr 1936 inspiriert: »Dogs of all Nations«, veröffentlicht im Dog World Magazine.

Katzen der Welt Da wir eine Hundekarte aufgenommen hatten, war es nur fair, auch eine Katzenkarte aufzunehmen. Wir wollten uns keine mächtigen Feinde schaffen ...

Fußballspielen mit Neil und Buzz Die NASA hat vor vielen Jahren selbst eine Version dieser Karte veröffentlicht. Im Grunde haben wir die Idee von den Männern gestohlen, die zum Mond flogen.

Die Bahnlinien der Welt Die Daten stammen von OpenStreetMap. Auf einer Karte nur einen besonderen Teil der Infrastruktur darzustellen, ist bei Online-Kartenbegeisterten immer beliebt.

Das gesamte Wasser der Welt Die Idee geht auf eine Karte von Howard Perlman zurück. Er ist Hydrologe beim Geologischen Dienst der Vereinigten Staaten USGS (United States Geological Survey).

Die Welt ohne Fußball Diese Lückenkarte ist eine Variation zur populären Gattung der »Beliebteste Sportarten der Welt«-Karten.

Die Heldenfahrt des Odysseus Ich mochte einfach die Odyssee und wollte eine Karte von Odysseus' Reise sehen. Die Karte in diesem Buch stützt sich auf ein Beispiel bei Open Culture.

Fleischesser rund um den Globus Zunächst habe ich eine Karte über Vegetarier in Indien gesehen, doch weil die Daten darin etwas geraten wirkten, beschlossen wir, eine verlässlichere Quelle zu verwenden.

Die längste gerade Linie, die du gehen kannst Die Karte stützt sich auf ein Forschungspapier von Rohan Chabukswar und Kishal Mukherjee, die uns auch die längste gerade Linie zeigten, die wir auf den Ozeanen fahren können.

Karte der Landschaftsbegriffe Hier lagen alte Arbeitsblätter für den Erdkundeunterricht zugrunde. Die Herausforderung bestand darin, möglichst viele Landschafts-Fachworte hineinzuquetschen.

Superlative im Vergleich: Mongolisches Reich versus Römisches Reich Auf Reddit hatte ein Hobby-Kartograf die einfache, aber geniale Idee, beide historischen Reiche auf derselben Karte darzustellen.

Europas Leuchttürme Die Anregung zu dieser Karte stammte von geodienst, die eine wunderschöne interaktive Karte mit dem Titel »Lights at Sea« erschufen. Auf der Grundlage von Open-Source-Daten zeigt sie Leuchttürme auf der ganzen Welt.

Was ist größer: Pluto oder Australien? Inspiriert von einer Karte des NASA-Mitarbeiters Andy Casely.

Wo kannst du die Nordlichter sehen? Gestützt auf viele verschiedene Landkarten, die zeigen, wo die Nordlichter sind.

Reisezeiten ab London im Jahr 1914 Diese Karte basiert auf der herrlichen Karte des berühmten Kartografen John G. Bartholomew aus dem Jahr 1914.

Reisezeiten ab London in der heutigen Zeit 2016 veröffentlichte Rome2Rio eine aktualisierte Version der Karte aus dem Jahr 1914, nach der wir unsere Karte erstellt haben.

Die ungewöhnlichsten Speisen der Welt Die Daten hinter dieser Karte sind einfach das Ergebnis ausgiebiger Suchmaschinen-Nutzung. Es kursieren zahlreiche Listen zu ungewöhnlichen Speisen im Internet. Wir haben Dinge ausgewählt, die gruselig klingen und auch so aussehen – warum sonst sollte man so eine Karte zeichnen?

Hannibals Überquerung der Alpen Ich bin als Kind und Jugendlicher viel in den Alpen gewandert und war immer fassungslos darüber, dass jemand nur daran denken konnte, einen Elefanten mitzunehmen. Hannibals genaue Route ist nicht bekannt, deswegen haben wir ein bisschen geschummelt und Elefanten über die unklaren Abschnitte gezeichnet.

Die Bevölkerung Kanadas Die Idee einer Karte zur Bevölkerungsdichte ist nicht neu. Diese Karte ist eine Anspielung auf die beliebten »Halb Kanada lebt unterhalb dieser Linie«-Karten. Und ich wollte unbedingt eine kanadische Karte in diesem Buch haben.

So findest du Kentucky Diese Karte geht zurück auf das recht grob gezeichnete Meme »Wie man Kentucky auf der Karte findet«. Es geistert seit Urzeiten durch das Internet. Ich fand aber, dass die putzige Idee eine künstlerische Überarbeitung verdient.

Die Reise des Marco Polo Zu Marco Polos Reiseroute wird unendlich viel geforscht. Wir stützten uns auf die Karte im entsprechenden Wikipedia-Artikel, der wiederum auf Marco Polos eigenen Aufzeichnungen beruht.

Wie wir um die Welt reisen Die Daten auf dieser Karte zeigen den Luftverkehr kurz vor der Corona-Pandemie. Anregung zu dieser Karte waren die zahllosen Karten dieser Art aus dem Internet. Vielleicht die hübscheste war ein animierter Globus auf metrocosm.com

Wie unsere Daten um die Welt reisen Die Inspiration für diese Karte stammte von TeleGeography, die die Karte über Unterseekabel führen: die Submarine Cable Map.

Alle Länder der Welt passen in den Pazifik Eine Version der zahllosen Größenvergleichskarten, die es so gibt. Wenn du Spaß an Landkarten wie diesen hast, geh mal zu thetruesize.com und vergleiche die Größen der Länder. Echt witzig!

Bist du näher an London oder näher an Paris? Die Karte ist von einem Werk von Atlasova auf Reddit inspiriert.

Zeitzonen, so viele Zeitzonen Die Karte beruht auf einem regelmäßig erscheinenden Online-Posting, bei dem Menschen gebeten werden, ihren Standort anzugeben – auf einer Karte, die nur die Zeitzonen anzeigt. Offenbar haben schon Erdkundelehrer aus den 1970er Jahren ihre Schüler mit dieser Aufgabe getriezt.

Von Heute nach Morgen fliegen Eine Variante dieser Karte habe ich zum ersten Mal auf Reddit entdeckt, da Zeitzonen aber viel älter sind, ist es wahrscheinlich ein uraltes Geographie-Rätsel.

Eine Weltkarte, wie sie ein Delfin zeichnen würde Die Anregung zu dieser Karte stammt von einem der lustigsten und schrägsten Hobby-Kartografen überhaupt, Frans. Schau dir seine Arbeiten an, ich bin ein großer Fan davon. Auch in einem früheren Buch habe ich eine Version der Delfinkarte verwendet.

Sommersonnenwende im Norden Dieser Karte liegt die Arbeit von Brian Brettschneider zugrunde. Brian ist Klimatologe und erstellt unzählige Karten zur natürlichen Welt aus neuen Blickwinkeln. Er hat einen wundervollen Twitter-Account.

Global Player: Peperoni-Pizza Ich habe mal eine Weltkarte gesehen, auf der man die Herkunft diverser Gerichte sah. Mein Gedanke war: Es ist witziger, ein ganzes Rezept zu zeigen und nicht nur irgendein Lebensmittel. Außerdem mag ich Pizza ..

Eine solarbetriebene Welt Bei dieser Karte kommen die Menschen immer ins Gespräch. Die Idee dazu stammt aus einer akademischen Veröffentlichung von Nadine May und wurde seither in vielerlei Form nachgebildet.

Die Wege der Zugvögel Karten über GPS-geortete Tiere begeistern mich und ich wollte eine Karte mit Wanderbewegungen von Tieren aufnehmen. Letztlich habe ich mich für Vögel entschieden, denn ihre Routen sehen auf einer Weltkarte unglaublich beeindruckend aus.

So schnarcht die Welt Im Laufe der Jahre habe ich so einige Listen und Karten zur Entstehung von Schnarch-Verschriftlichungen gesehen. Ich beschloss, diese mit ins Buch zu nehmen, nachdem ich eine europäische Version von Atlasova auf Reddit gesehen hatte

Die schwarze Murmel Ich wollte das Buch mit einer Karte beenden, die zum Staunen und Fragen anregt. Nichts kann dies besser als eine Ansicht des gesamten Globus. Von Astronauten aufgenommene Fotos des Erdaufgangs, des Blauen Planeten und der Schwarzen Murmel waren die Inspiration dazu. Zudem schien es passend, das Buch mit einer nächtlichen Ansicht zu beschließen. Ich hoffe, die Lektüre dieses Buchs hat dir genauso viel Vergnügen bereitet wie uns das Kuratieren, Recherchieren und Illustrieren.

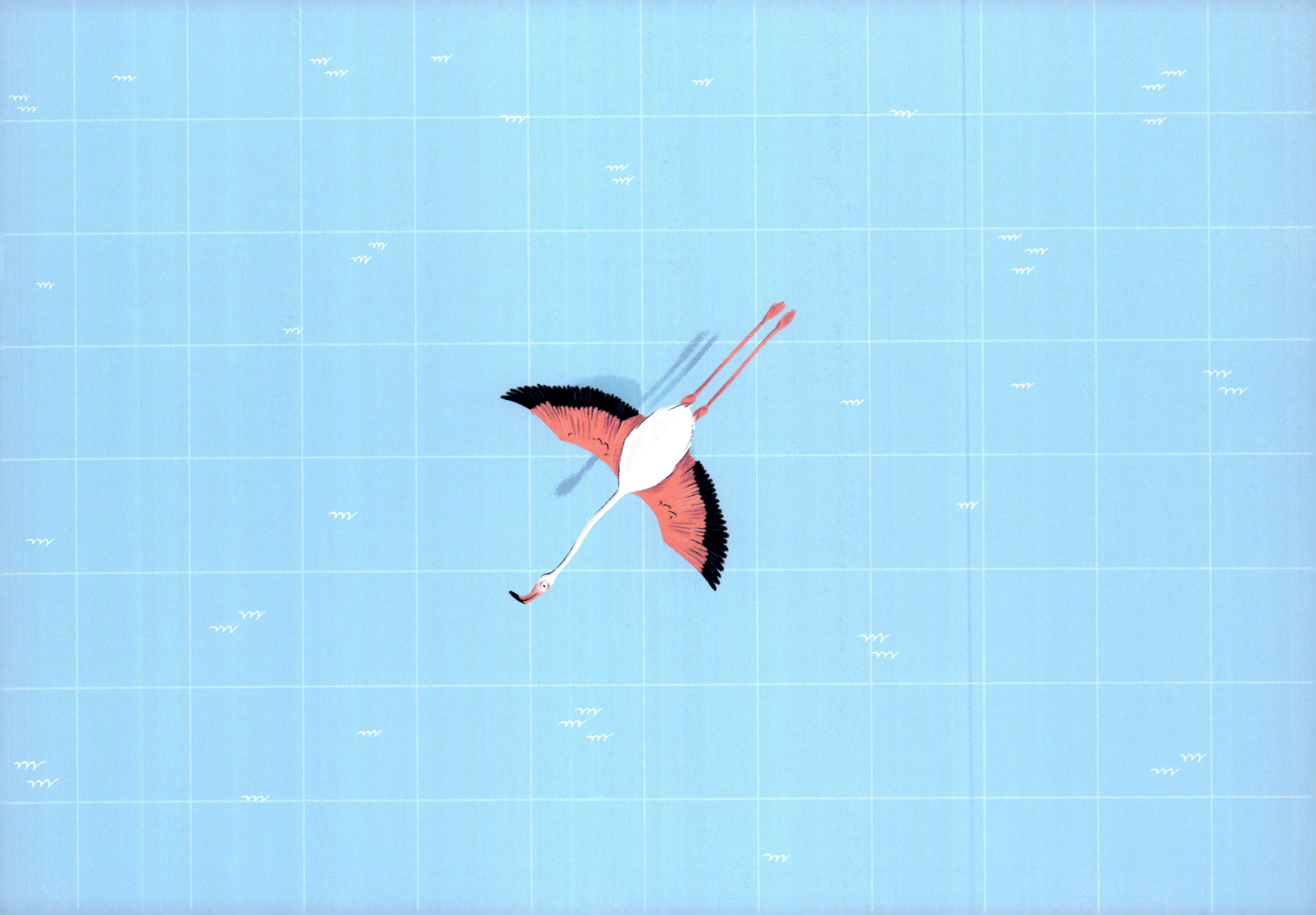